SV

Hans Mayer
Das Wiedersehen mit China

Erfahrungen 1954-1994

Suhrkamp Verlag

Erste Auflage 1995

Satz und Druck:
MZ-Verlagsdruckerei GmbH, Memmingen
Printed in Germany

Das Wiedersehen mit China

Erfahrungen 1954-1994

Für Yan Baoyu
und Werner Schubert

Inhalt

I. Reisebilder

Natürlich war es närrisch, daran auch nur zu denken. Mit 87 Jahren eine Reise nach China. Allein, die Narretei wurde begangen. Sie hat sich als nützlich erwiesen. Vieles wurde in dem Reisenden bewegt, manches hat sie bewirkt. Am Ende eines langen Lebens im 20. Jahrhundert gab es das offenbar nach wie vor: das Prinzip Hoffnung.

Das Reisen nach China ist leicht geworden, seit den Zusammenbrüchen und Umschaltungen im Jahre 1989. Die erste Flugreise nach China im Jahre 1980 war länger und anstrengender gewesen. Von Frankfurt zunächst nach Karatschi. Dort gab es einen kurzen Zwischenaufenthalt, mitten in der Nacht. Dann sah man unter der Morgensonne die Reisfelder von Vietnam, wo immer noch Krieg war. Unvergeßlicher Anblick der beiden großen chinesischen Ströme: Huanghe und Jangtse. Der Gelbe Fluß und der Lange Fluß.

Diesmal flog man von Frankfurt aus unmittelbar nach Osten über das sowjetische Reich, das nun im wesentlichen weiterbesteht als Gemeinschaft Unabhängiger Staaten. Wir waren am Nachmittag aufgestiegen, bekamen ein Abendessen, bald darauf wurden die Lichter ausgemacht. Die Passagiere versuchten, ein bißchen zu schlafen. Man wachte auf, als die Lichter wieder angingen. Das Frühstück. Man hatte sich für die Ankunft in Peking vorzubereiten. Acht Flugstunden und zwanzig Minuten. Die Erdumdrehung hatte man nutzen können. Das Flugzeug landete pünktlich in jener Stadt, die offiziell als Beijing bezeichnet werden soll. In den westlichen Sprachen wird die Lautverschiebung, wenn es eine ist, nicht anerkannt. Deshalb nach wie vor Peking.

Der Rückflug dauerte länger. Neun Stunden und fünfzig Minuten. Diesmal war man bei schönem spätsommerlichem Wetter in Peking abgeflogen. Man kam pünktlich an einem frühen deutschen Nachmittag in Frankfurt an. Zu sehen gewesen waren die Wüste Gobi, die Steppen der Mongolei, viel Schnee und Eis bereits in Sibirien. Trotzdem klare Sicht bis zum Ural. Von nun an überflog man Europa, das fast überall mit Wolken verdeckt wurde. Wie der Monitor anzeigte, war das Flugzeug unweit von St. Petersburg nach Reval abgebogen. Die Insel Gotland tauchte plötzlich auf, als sich die Wolken verzogen, dann wieder undurchdringbares Weiß. Bornholm war offenbar überflogen worden. Das Weitere verstand sich von selbst. In Frankfurt war es kalt, und der Flughafen an Rhein und Main kam mir noch unwirtlicher und chaotischer vor als sonst. Überfüllt gewesen waren auch die riesigen neuen Flughäfen in Peking und Shanghai, aber es war hell dort, auch ruhig. Alles konnte leicht gefunden werden. Die Leute machten höflich Platz, wenn man einen freien Sitz suchte. Sie dachten nicht daran, zwei Nachbarsitze mit Gepäck zu belegen und dadurch für Personen zu blockieren. Man war wieder zu Hause.

Es war in der Tat närrisch gewesen, mit 87 Jahren eine so große Reise zu wagen. Noch merkwürdiger die Erkenntnis, beim Rückblick auf diese und alle früheren Ausfahrten, daß alle wirklich großen Ausflüge (im Wortsinne) erst in späten Mannesjahren stattfinden konnten. Heutige Abiturienten in Deutschland sind im allgemeinen mit ihren Klassenkameraden und Lehrern schon einmal für ein paar Tage in Paris gewesen oder in Rom. Dort schien es keinen Erbfeind mehr zu geben wie in meiner Jugend nach dem ersten verlorenen Weltkrieg. Außerdem kommen die heutigen jungen Deutschen mit ihrem Schulenglisch recht gut durch die Welt. In unserem Kölner Schiller-Gymnasium spielten die an sich obligatorischen Französisch- und Englischstunden keine wichtige Rolle. Zu fürchten hatte man sich vor den Lehrern und Stunden für Latein und Griechisch. Außerdem hatten die Lehrer der neueren Sprachen kaum selbst Erfahrungen machen können mit der englischsprechenden oder frankophonen Welt. Dort lebten die Erbfeinde, die Alliierten, die Sieger.

Ich war sieben Jahre alt, als der Erste Weltkrieg ausbrach. Der Vater wurde 1915 eingezogen. Das linke Auge war von Geburt an sehr schwach. Diese Schwäche aber war nun kein Hindernis mehr für die Verschickung in den Krieg. Wir Kinder machten Urlaub mit den Müttern und Großmüttern im Rheinland, an der Mosel oder Nahe. Seit dem Kriegsende und der Niederlage dezimierte die wachsende Geldentwertung den in Jahrzehnten angehäuften bürgerlichen Wohlstand. Da war an Reisen nicht zu denken für alle Familien der Beamten oder der anderen Gehaltsempfänger. Mein Vater hatte in Belgien recht gut Flämisch gelernt. Nun waren Geschäfte zu machen mit den Niederlanden: auf Devisenbasis natürlich. Man konnte folglich in den Ferien verreisen. Allein die führten in den Schwarzwald, ins Allgäu, einmal auch, von Bad Reichenhall aus, nach Salzburg. Damals fuhr ich zum ersten Mal, noch mit der Pferdekutsche, durch das Bergtor in Salzburg ein. Zum ersten Mal die Getreidegasse und das Mozarthaus. Es war genau das Jahr 1919, als die drei großen Künstler den Plan faßten, wie es Hugo von Hofmannsthal formulieren sollte, »Festspiele in Salzburg« zu veranstalten. Nach der damals von ihm ausgegebenen Devise: »Nach verlorenen Kriegen soll man Komödien spielen.« So dachten auch die beiden anderen Partner: Richard Strauss und Max Reinhardt.

Der deutsche Wintersport war, wenn ich es recht erinnere, eine Entdeckung oder Erfindung der späten zwanziger Jahre. Inzwischen hatte es die Währungsreform gegeben vom 1. Januar 1924. Eine Rentenmark gleich einer Billion der früheren deutschen Reichswährung. Aber nach wie vor blieben die wohlhabenden Deutschen in ihren Ferien in Deutschland. Wintersport etwa in Hinterzarten. Die Berliner Verwandten reisten ins Riesengebirge, in die Bäder an der Nordsee und der Ostsee. Auf Norderney wurden die jüdischen Sommergäste geduldet, aus Borkum waren sie vertrieben worden. Dort gedachte man unter sich zu bleiben: als künftige deutsche Herrenrasse.

Bis zu meinem 20. Lebensjahr war ich nur einmal kurz in der Schweiz, am Vierwaldstätter See, und in Innsbruck, gleich nach dem Ersten Staatsexamen. Auch einmal zu einem Wochenende im nahen Belgien. Mir ist nicht erinnerlich, daß andere Familien unserer Gesellschaftskreise, nichtjüdische wie jüdische, das Abenteuer weiter Auslandsreisen gewagt hätten. Man konnte keine Fremdsprachen, war durch die immer noch nachwirkende Kriegspropaganda ebenso verhetzt wie die – möglichen – Gastgeber in Frankreich, in der französischen Schweiz oder auch in Skandinavien. Die Familie eines Großonkels freilich berichtete ausführlich über ihren Besuch in Kopenhagen. Man hörte sich das geduldig an, doch so etwas wie Mißbilligung war spürbar. Man reiste nicht nach Kopenhagen. Ein neureicher Geschäftspartner des Vaters teilte an der Börse prahlerisch mit, er werde seinen Urlaub diesmal verbringen in »Cannes, Schweiz«. Er sprach es Kannes aus. Darüber wurde an der Börse sehr gelacht.

Am 30. Januar 1933 wurde unsere Existenz in Deutschland widerrufen. Der Staatsrechtler Carl Schmitt, dessen Vorlesungen ich in Bonn gehört hatte und der meine

Doktorarbeit aus dem Jahre 1930 über die »Krisis der deutschen Staatslehre« mit Zustimmung gelesen hatte, entwickelte sich, wie bekannt, in jenem Jahre 1933 zum Ideologen einer judenfeindlichen Rassentheorie. Als Staatsrat des preußischen Ministerpräsidenten Hermann Göhring und geistiges Haupt der NS-Juristen stellte er die Forderung, man solle den Begriff »Mensch« aus den deutschen Gesetzbüchern entfernen. Man müsse scharf innerhalb der Menschen unterscheiden. Es gebe zum Beispiel »Volksgenossen, Reichsbürger, Ausländer, Juden und andere«. Als Jude war man von nun an kein Deutscher mehr. Ich hatte es bald begriffen zu Beginn dieses Jahres 1933. Es ging auch für mich um Kopf und Kragen. Gleich im April war ich innerhalb von Deutschland auf der Flucht. Im August gelang es mit Hilfe von Verwandten in der Eifel, ohne Aufsehen über die Grenze nach Belgien zu kommen. Nun war ich im Ausland, doch im Exil. Ein Emigrant ohne gültige Papiere. Dies war von nun an ein Reisen ohne Ziel. *Es war ein Fortreisen.* Törichterweise hatte ich nicht daran gedacht, solange noch Zeit war, einen neuen und gültigen Paß zu beantragen. So blieb es beim längst verfallenen Dokument mit meinem Schülerbildnis. Damit konnte ich nirgendwo einreisen. Ich wurde auch sogleich beim Versuch, von Belgien nach Frankreich zu gelangen, an der Grenze abgewiesen. Ich hatte die Illegalität zu erlernen. Trotzdem kam ich nach Frankreich. Die schreckliche Lage, deren Aussichtslosigkeit mir im August des Jahres 1933 nicht recht bewußt geworden war, machte später, als die Emigranten erkennen mußten, daß es um Leib und Leben ging, viele von ihnen zu Selbstmördern. Man konnte weder zurück, noch weiter in ein angestrebtes anderes Land. Dies war der Fall des Selbstmörders Walter Benjamin in Port Bou, zwischen Frankreich und Spanien. Auch ich hätte, wie ich heute weiß, so enden können.

Reisen ohne gültige Papiere. Illegale Grenzübergänge. Befristete Aufenthaltsbewilligungen, die stets zurückgenommen werden konnten. Die französischen Präfekturen hatten die juristische Formel bereit, nicht einmal eine befristete Aufenthaltsbewilligung zu erteilen, sondern offiziell den Antragsteller auszuweisen. Dann wurde die Ausweisung vorerst zurückgestellt. Doch dieser Zustand war trotz allem ein Dableiben. Man konnte sich an ihn gewöhnen.

Später kam es auf einer Flüchtlingskonferenz in Evian zum Beschluß, den immer zahlreicher werdenden Emigranten einen Flüchtlingspaß zu bewilligen. Da ich inzwischen nach Genf gelangt war und Beschützer fand, bekam auch ich einen solchen Flüchtlingspaß. Damit durfte ich bis zum Ausbruch eines Zweiten Weltkrieges zwischen Frankreich und der Schweizerischen Eidgenossenschaft mich bewegen, ohne zurückgewiesen zu werden. Zurückweisung bedeutete auch hier: an eine deutsche Grenze gestellt zu werden. Also in den Tod zu gehen.

Als der Krieg zu Ende war, hatte ich in der Schweiz überlebt. Im Oktober erhielt ich eine Einladung der amerikanischen Militärregierung in Frankfurt, dorthin zu kommen, um über die Möglichkeit meiner Rückkehr nach Deutschland und über eine mögliche Mitarbeit innerhalb der neuen Verhältnisse zu sprechen. In meinen Erinnerungen mit dem Titel »Ein Deutscher auf Widerruf« habe ich über diese Reise im amerikanischen Jeep und als verkleideter amerikanischer Soldat berichtet. Die Flucht im Jahre 1933 war ein Fortreisen ins Ziellose gewesen. Zwölf Jahre später gab es für den Mann im Jeep, den Deutschen ohne deutsche Staatsbürgerschaft und ohne Reisepapiere, ein Anreisen ins Ziellose.

Anreisen ins Ziellose. Und abermals im Jahre 1948, also drei Jahre nach dem Kriegsende. Eine Reise von Frankfurt nach Leipzig als neuernannter Leipziger Professor für deutsche Literaturgeschichte. Eine Reise im Kalten Krieg und ohne Reisemöglichkeit. Kein Eisenbahnverkehr zwischen dem deutschen Westen und Osten. Keine Einreise mit dem Wagen in die sowjetische Besatzungszone. Es kam abermals zu einem Reisen in halber Illegalität. Ein amerikanischer Freund besorgte mir einen Platz im amerikanischen Flugzeug, das mich nach Westberlin brachte. Wiederum ein Reisen in Verkleidung, denn ich war nicht mehr, wie zur Zeit meines Wirkens als Chefredakteur von Radio Frankfurt, im Sender der amerikanischen Militärregierung, ein Mitarbeiter eben dieser Regierung.

In meiner Jugend war es ein schwieriges Planen und Unterfangen, als besiegter Deutscher in Länder der Sieger zu reisen. Nunmehr war das Reisen in Deutschland zum schwierigsten Unterfangen geworden. Es gab Westsieger und Ostsieger. Ziemlich genau ein Jahr nach meiner Ankunft in Leipzig, also im Oktober des Jahres 1949, war es zur Gründung von zwei antagonistischen deutschen Staaten gekommen. Abermals von nun an das immer dringender werdende Problem gültiger Reisepapiere. Der Schriftsteller und Emigrant Bruno Frank, der nach Kalifornien gelangen durfte, schrieb einen Exilroman mit der simplen Überschrift »Der Reisepaß«, womit er sagen wollte, daß es in diesem Romangeschehen um die Flucht vor Mördern ging. Die Überschrift wurde verstanden. In diesem antagonistischen Deutschland war es zur Zeit meiner Ankunft in Leipzig vorerst noch möglich, nicht eben an den Grenzen der beiden Staaten, doch innerhalb der Inselstadt Berlin, von Osten in den Westen zu gelangen. Seit der Errichtung der Berliner Mauer am 13. August 1961 jedoch war auch das Reisen in den deutschen Westen gleichzusetzen mit einer Unternehmung auf Tod und Leben.

Als ich Ende Juli 1963 als Leipziger Professor und Nationalpreisträger einer Deutschen Demokratischen Republik zu Vorträgen in Erlangen und Bayreuth mit gültigen Reisepapieren die Grenze bei Hof überschritt, wo der Schnellzug aus Leipzig enden mußte, hatte ich mich von neuem in eine juristische Illegalität begeben. Meine Papiere verlangten ein Zurücksein am 1. September 1963. An jenem 1. September jedoch hielt ich in Hamburg beim Rowohlt-Verlag eine Pressekonferenz ab, um öffentlich mitzuteilen, daß ich nicht zurückkehren werde. Die Professur war sinnlos geworden, weil ich meine Studenten und Assistenten nicht mehr schützen konnte vor der geheimpolizeilichen Forderung, mich zu bespitzeln, zu verleumden, zu bekämpfen. Nun war ich ein Republikflüchtling, ein Abschaum. In der Stasi-Akte meiner Freundin Inge Jens aus Tübingen fand man später die Spitzelnachricht: »Gab ein Buch heraus über den Renegaten Professor Hans Mayer.«

Zu der Zeit jedoch, da ich noch nicht ein Abschaum und Renegat war in den Augen östlicher Obrigkeit, waren Reisen möglich gewesen zu wissenschaftlichen Tagungen oder Vorträgen in Paris, Rom und Florenz. Da ich bereits im Jahre 1948 zum Mitglied des deutschen Pen-Clubs gewählt wurde, konnte ich auch zu den internationalen Tagungen eingeladen werden. So kam ich im Frühsommer 1954 zum ersten Mal nach dem Krieg wieder in die Niederlande. Tagung des Pen-Clubs in Amsterdam. Ein Jahr später (1955) in Wien. Im Jahre 1956 fand das Schlußbankett der Tagung in London statt, im Savoy Hotel. Immer waren es, was die juristische Legitimation betraf, beschwerliche Reisen. Der blaue Paß eines Staatsbürgers der DDR mußte in jedem einzelnen Fall durch ein Einreisevisum honoriert werden. Um die Mitte der fünfziger Jahre jedoch wurde das mehr und mehr zur Formsache. Die Einreise wurde einem leicht gemacht. Nach der erbarmungslosen Niederschlagung der ungarischen Revolte im November 1956 wurde die Ausreise zum Problem. Erst recht nach dem Mauerbau. Wer trotzdem im besonderen Falle die Erlaubnis erhielt, vorübergehend ein westliches Land zu besuchen, wurde mit Notwendigkeit, wofern er nicht politischer Funktionär war, gezwungen, abermals Illegalität zu betreiben, indem er, was nach westlichem Recht möglich war, den blauen Ostpaß vorübergehend einem westlichen Ordnungsamt anvertraute, um dafür – ebenso vorübergehend – einen grünen Westpaß zu erhalten. Erst mit der Rückkehr in die Bundesrepublik Deutschland und die spätere Berufung ins Beamtenverhältnis eines westdeutschen Professors war es, in diesem langen Leben, zuende mit den Reisebildern einer offenkundigen oder verschleierten Illegalität. Man durfte Grenzen überqueren zu Lande, zu Wasser oder in der Luft, ohne dem Gefühl des Grauens entgegensehen zu müssen.

II. Vorspiel im Hörsaal 40 der Universität Leipzig

Am 1. Oktober 1949 wurde in Peking die Volksrepublik China ausgerufen. Genau eine Woche später, am 7. Oktober 1949, proklamierte man in Ostberlin die staatsrechtliche Gründung einer Deutschen Demokratischen Republik. Der 7. Oktober wurde für die ehemalige sowjetische Besatzungszone ein Staatsfeiertag. Ein Bierdeckel vom Jahre 1969, den mir – beziehungsvoll – mein ehemaliger Student und Absolvent *Uwe Johnson* schenkte, trägt die Inschrift »20 Jahre DDR«. Auf der Rückseite des Bierdeckels ist folgendes zu lesen: »375 Jahre – 1594-1969 – Schmiedefelder Bier«. Man wird an den weisen Ausspruch in Hans Christian Andersens Märchen vom tapferen Zinnsoldaten erinnert, wo es heißt: »Goldglanz vergeht, aber Schweinsleder besteht.«

Der Goldglanz der Festlichkeiten mit Parademärschen in jener Deutschen Demokratischen Republik, welche in Wahrheit stets eine sowjetische Kronkolonie sein mußte, verging nach vierzig Jahren. Der 7. Oktober 1989, an welchem Michail Gorbatschow seine deutschen Genossen gewarnt hatte, ohne daß man den Warner ernst nahm, war, wie man heute weiß, eine Zeremonie aus dem Geiste einer Euphorie. Medizinisch gesehen ist die Euphorie jedoch ein Vorbereitungszustand zum Tode. Fünf Jahre später, am 7. Oktober 1994, gab es diesen Staat nicht mehr.

Am 1. Oktober eben dieses Jahres 1994 jedoch konnte man im westlichen Fernsehen die Bilder betrachten von der Pekinger Jubiläumsfeier. Aufmärsche auch hier, doch im Rahmen einer wirklich festlichen Stimmung im Volke. Das raffinierte fernöstliche Feuerwerk, das den Himmel lange wieder und immer wieder erhellte, war auch hierzulande zu bestaunen.

Es ist notwendig, sich mit den Ursachen auseinanderzusetzen, die in dem fernöstlichen Falle einen Zustand der Vitalität und Zukunftsentschlossenheit herbeiführen sollten, im anderen Falle aber, dem ostdeutschen nämlich, den Kollaps. Keine deutsche Freiheitsbewegung mit entschlossenen Parolen, kein blutiger Bürgerkrieg gegen die offenbar völlig verdummten und ahnungslosen Machthaber irgendeines Politbüros, sondern ein Weglaufen oder Nichtmehrmitmachen. Auch so kann eine historische Epoche und staatliche Institution zuende gehen.

Im Grunde wiesen diese Ereignisse um den 9. November 1989 erstaunlich viele gemeinsame Züge auf mit dem *9. November 1918*: also mit der sogenannten deutschen Novemberrevolution. In einem satirischen Rückblick vom Jahre 1920 hat Alfred Döblin, gezeichnet mit dem Pseudonym Linke Poot, an jene – gleichfalls – Berliner Ereignisse vom 9. November 1918 erinnert. Zweimal war in der Reichshauptstadt und an zwei nicht allzu weit voneinander entfernten Stellen das Kaiserreich für abgeschafft erklärt und eine Deutsche Republik ausgerufen worden. An einem Fenster des Reichstagsgebäudes erfolgte die Proklamation durch den sozialdemokratischen Reichstagsabgeordneten und nunmehrigen »Volksbeauftragten« Philipp Scheidemann. Am Berliner Schloß der Hohenzollern verkündete der aus dem Gefängnis befreite Spartakist Dr. Karl Liebknecht die Gründung einer Deutschen Republik. Auch der Dr. med. Alfred Döblin erblickte in diesem Dualismus bereits ein Symptom künftiger Kränklichkeit. Er drückte seine Meinung über die doppelte Gründung bewußt »euphorisch« aus: »Es konnte dieser Republik also an nichts fehlen.« Was heißen sollte: es fehlte ihr an allem. Man hat es erlebt.

Der Vergleich dieser deutschen Ereignisse jeweils an einem 9. November – wobei auch der Münchener Bürgerputsch künftiger brauner Bataillone im Jahre 1923 und die in schändlicher Lustigkeit sobenannte »Reichskristallnacht« von 1938 einbezogen werden müssen – mit dem chinesischen Gründungsvorgang vom 1. Oktober 1949 ist unumgänglich.

Die Deutsche Republik von 1918 war zweimal mit ganz verschiedenen Programmen in Berlin ausgerufen worden. Einer Lawine ähnlich riß sie die deutschen ehemaligen Fürstentümer mit sich, die nun gleichfalls Republiken werden sollten oder eher Freistaaten im damaligen Sprachgebrauch. Ich sehe sie noch vor mir, die Briefmarke mit dem Vermerk »Freistaat Bayern«. Auch die Ausrufung der Deutschen Demokratischen Republik am 8. Oktober 1949 war in ähnlicher Weise so etwas wie ein – fast unfreiwilliges – Nachklappen gewesen. Die westdeutschen Politiker hatten, in enger Übereinstimmung mit den drei Militärregierungen, den Amerikanern, Briten und Franzosen, eine Bundesrepublik Deutschland im August bereits entstehen lassen. Vorausgegangen war eine separate westliche Währungsreform. Auch hier hatte die sowjetische Besatzungszone nachklappen müssen mit ihrer eigenen Währungsreform. Nun mußte folgerichtigerweise auch der Gegenstaat proklamiert werden. Er hätte sich, um zu überleben, frei machen müssen von aller Nachschaltung gegenüber dem Westen, von aller Bevormundung durch den großen Bruder im Osten. Beides ist nicht geschehen. Es konnte wohl auch nicht geschehen. Die deutschen Zustände haben es in beiden Fällen der Jahre 1918 und 1949 nicht zugelassen, daß am Ende die republikanischen Staatsgründungen als ein Ziel betrachtet werden konnten, welchem man planmäßig zugestrebt war.

In Peking hingegen, mit *Mao Tse-tung*, war man an einem Ziel angelangt, dem man sich in einem schweren und langen Marsch hatte nähern können.

Die neue Staatsordnung in der Deutschen Demokratischen Republik, die sich, in eigener Terminologie, als »antifaschistisch-demokratische Ordnung« verstehen wollte, war von Anfang an unsortiert, nicht legitim. Alle in jenen vierzig Jahren folgenden sogenannten Freien Wahlen waren schlechtes Theater. Man höhnte im voraus im Volk über die fast hundertprozentigen Wahlergebnisse. Es war nicht immer schlichte Wahlfälschung; in vielen Jahren, vor allem nach Errichtung der Berliner Mauer, praktizierte man das terminologische Spiel, die reale Unfreiheit als reale Freiheit auszugeben. Die »Oberen Herren Aufsichtführenden«, wie Franz Kafka die Gebieter des »Schlosses« in seinem Roman bezeichnet, hatten die Parole ausgegeben, ein bewußter Staatsbürger solle gefälligst sichtbar und ohne Umweg über die Wahlkabine sein Bekenntnis abgeben für diesen Staat und seine Volkskammerleute. Diese Parole war nicht ein Vorschlag, sondern Erpressung. Im Staatsvolk der DDR, das die Regierung, nach einem boshaften Vorschlag von Bertolt Brecht, liebend gern hätte auswechseln lassen, wurden Witze gerissen. Die Regierung in Berlin sei sehr aufgebracht und besorgt. Diebe nämlich hätten aus dem geheimen Schließfach das vorgesehene Wahlergebnis gestohlen. So konnte ein Staat nicht überleben: trotz unendlich vieler gutgläubiger, hart arbeitender Menschen, denen es im Gegensatz zu den sowjetischen und deutschen Stalinisten ernst war mit der antifaschistischen und demokratischen Ordnung. Die Folge war, nach 45 Jahren und im Jahre 1994, daß das Wort Antifaschismus von den Medien gleichsam mit spöttischem Lächeln der Rundfunksprecher und im Druck mit Anführungszeichen verwendet wurde. Das Wort Faschismus hingegen wurde für deutsche Zustände nicht verwendet. Daß Faschisten bereits wieder in einer italienischen Regierung mitregieren konnten, war offenbar, von

Deutschland her gesehen, nicht besonders ernst zu nehmen.

Die Chinesische Volksrepublik sah offenbar seit ihrer Gründung im Jahre 1949 eine ihrer vordringlichen Aufgaben darin, ganz normale diplomatische Beziehungen zu den wichtigsten Staaten der bürgerlichen Welt zu unterhalten. In Peking hatte man aus den Anfangsfehlern einer revolutionären russischen Außenpolitik in den Jahren nach der Oktoberrevolution und während des russischen Bürgerkrieges zwischen den Weißen und Roten gelernt. In der blendend geschriebenen, wenngleich egozentrischen Darstellung *Leo Dawidowitsch Trotzkis* der Geschichte der Oktoberrevolution mokiert sich der Partner Lenins über die Arbeitsaufteilung unmittelbar nach dem Sieg der Revolutionäre. Trotzki wird Außenkommissar. Sein damaliger Partner – und späterer Mörder – Stalin erhält die Aufgabe eines Volkskommissars für Nationalitätenfragen zugeteilt, was heißen soll, daß er dafür zu sorgen hat, das durch Kriege und Eroberungen angewachsene Zarenreich in seinem weiteren Bestand zu sichern.

Trotzki ärgert sich über die Ernennung zum Außenminister. Er meint dazu, in selbstironischer Rückschau – das sei doch keine ernsthafte Tätigkeit gewesen. Man habe nur die Aufgabe gehabt, flammende Resolutionen und Proklamationen an die kriegführenden Mächte der Welt zu richten. Nicht ernst gemeint und auch von den Empfängern nicht als ernsthaft zur Kenntnis genommen. Hier lag bereits ein erster Konflikt zwischen Lenin und Trotzki. Wladimir Iljitsch Lenin hatte es ernst gemeint mit der zum Sieg führenden Losung »Frieden und das Land den Bauern«. Er gedachte den Krieg trotz vieler Zugeständnisse an die damaligen deutschen Nochsieger zu beenden. Trotzki als Verhandler mit den Deutschen in Brest-Litowsk handelte auf eigene Faust und nach der selbst verkündeten Losung »Weder Krieg noch Frieden«. Trotzki wurde abberufen, man schloß mit den Deutschen den Waffenstillstand in Brest-Litowsk. Nun konnte man abwarten, bis die deutschen Nochsieger der eigenen Niederlage zustrebten. Bald darauf konnte auch durch die junge Sowjetrepublik eine wirkliche Diplomatie geplant werden mit ehemaligen bürgerlichen Fachleuten wie Georgij Wassiljewitsch Tschitscherin, dem Gesprächspartner Walther Rathenaus bei der Konferenz von Genua.

Mao Tse-tung und sein gerade in Fragen einer künftigen Außenpolitik überaus sachkundiger Partner *Zhou Enlai* waren genaue Kenner der neueren Geschichte und vor allem auch der Geschichte der Revolutionen und Gegenrevolutionen. Für Mao Tse-tung blieb auch nach dem Tode Stalins, aus welchen Gründen immer, das Emblem der Vierzahl Marx – Engels – Lenin – Stalin gültig. Allein die Politiker der Chinesischen Volksrepublik hüteten sich, die verhängnisvolle Stalin-Theorie von der Errichtung des »Sozialismus in einem Lande« zu übernehmen. Noch dazu in einem in vielen wirtschaftlichen und gesellschaftlichen Bereichen so rückständigen Lande wie dem damaligen Rußland und dem realen China der fünfziger Jahre.

Man mußte Beziehungen herstellen zu den wichtigsten Staaten *und Kulturen* der westlichen Welt. Was den deutschen Bereich betraf, so hatte man auch in Peking von der Wirklichkeit der beiden deutschen Staatsgründungen vom Jahre 1949 auszugehen. Die enge Verbindung der siegreichen chinesischen Revolution mit der Sowjetunion auch in der Nachfolge Stalins und mit dem Areal der sogenannten Volksdemokratien ließ es unmöglich erscheinen, offizielle kulturelle Beziehungen zur damaligen Bundesrepublik Deutschland zu unterhalten. Lange Zeit lebte man noch miteinander im Klima des Kalten Krieges. Zumal Nikita Chruschtschow durch schwere psychologische und politische Fehler die persönliche »brüderliche Freundschaft« mit Mao preisgegeben hatte.

Waren für Peking die Beziehungen zur damaligen Sowjetunion schwieriger geworden in der Zeit der russischen Diadochenkämpfe um Stalins Nachfolge, so war es andererseits schwer vorstellbar, unmittelbar mit den westdeutschen Gegenspielern der DDR in Verbindung zu treten. Daraus ergab sich für eine künftige Deutschland-Politik der Volksrepublik China die Notwendigkeit, die Verbindung zu den Deutschen herzustellen mit Hilfe einer Verbindung zu den Menschen und Institutionen einer jungen Deutschen Demokratischen Republik.

Man muß damals in der Umgebung von Mao Zedong bereits gut unterrichtet gewesen sein über die besonderen Schwierigkeiten des Staates DDR mit dem ehemaligen sowjetischen Sektor innerhalb der durch alle vier Alliierten besiegelten »besonderen politischen Einheit Berlin«. Anders ausgedrückt: in den rechtlichen Schwierigkeiten zwischen dem politischen Status von Ostberlin und der formal unangefochten bestehenden rechtlichen Souveränität der DDR in ihrem eigentlichen Staatsgebiet. Das Ergebnis für Peking hatte folglich zu lauten, daß man die Vorbereitungen zu einer künftigen deutschen Chinapolitik nicht in Ostberlin beginnen durfte, sondern innerhalb des legalen und offenbar legitimen Staatsgebietes der ehemaligen sowjetischen Besatzungszone (SBZ), der nunmehrigen Deutschen Demokratischen Republik.

Man entschied sich für einen Beginn in Leipzig.

Alle künftige chinesische Deutschlandpolitik und Diplomatie setzte aber voraus, daß man Diplomaten und Fachleute in allen Bereichen einsetzen konnte, die der deutschen Sprache mächtig waren und die sich gut auskannten in dem, was man im deutschen Kaiserreich etwas pathetisch als »die deutschen Dinge« bezeichnet hatte. Diese Mannschaft mußte in Deutschland ausgebildet werden. Es zeigte sich, daß sie im weitesten Verstande im *Hörsaal 40* der Leipziger Universität ausgebildet worden sind. Die philosophische Fakultät der Universität Leipzig erwies sich, vor allem nachdem die sektiererischen Tendenzen der stalinistischen Besserwisser im Gefolge der Ereignisse des 17. Juni 1953 zurückgedrängt werden konnten, als günstiger Boden für die Ausbildung künftiger chinesischer Deutschland-Spezialisten. Die philosophische Fakultät der Universität Leipzig war in ungewöhnlicher Weise begünstigt für ein reibungsloses Zusammenwirken zwischen den ausgezeichneten bürgerlichen Fachleuten und den fachlich gleichfalls qualifizierten, geistig aber einer nachbürgerlichen und gegenbürgerlichen Aufbaupolitik verbundenen Wissenschaftlern. Gelehrte wie der Romanist Werner Krauss, der Philosoph Ernst Bloch, der Historiker Walter Markov, der Ethnologe Julius E. List, der Historiker Ernst Engelbert waren fähig und willens, die künftigen chinesischen Studenten sowohl in den wissenschaftlichen Fachbereichen auszubilden, als auch zu motivieren für deren künftige Tätigkeit in ihrer Chinesischen Volksrepublik.

Im Herbst des Jahres 1953 erschien, gleichsam als erster chinesischer Probestudent, der junge Chinese *Yan Baoyu.* Er wurde zum eigentlichen Organisator der deutsch-chinesischen Beziehungen in allen Bereichen des öffentlichen Lebens. Unsere Chinareise im September 1994 machte uns erkennen, daß Yan Baoyu nach wie vor in der Universität Peking als oberster Fachmann für alle

Probleme der deutschen Kultur, nicht zuletzt der Musik, in hohem Ansehen steht. Jede Erwähnung seines Namens vor den jungen chinesischen Studenten rief sogleich eine leise Bewegung der Dankbarkeit hervor. Yan Baoyu nahm sein Studium der Germanistik auf, das sich gerade um das Jahr 1953 im Rahmen von zwei getrennten Fachinstituten zu vollziehen hatte. Das Institut vor allem für Geschichte und Probleme der deutschen Sprache wurde geleitet durch den hervorragenden Mediävisten und Sprachwissenschaftler Theodor Frings. Hans Mayer leitete das Institut für deutsche Literaturgeschichte. Der Student Yan Baoyu muß nach Hause berichtet haben, daß hier gute Arbeitsmöglichkeiten vorhanden seien. Im Jahre 1954 nämlich traf eine in sich geschlossene Studentengruppe in Leipzig ein: künftige Diplomaten, Minister, Professoren, Mitglieder einer chinesischen Akademie der Gesellschaftswissenschaften.

Ihr Fleiß war ebenso erstaunlich wie ihre Begeisterung für diese doch so fremde Welt europäischer Kultur, und erst recht für die Wirren einer deutschen Geschichte. Die chinesischen Kaiser hatten ein Riesenreich aus vielen Nationalitäten als Einheit regiert. Das Bild des allmächtigen Kaisers, dessen Handbewegung den Tod oder die Gnade bedeutet, ist in vielen europäischen Mythen und Legenden erhalten geblieben. Der chinesische Kaiser und die Nachtigall, die grausame Prinzessin Turandot. Extreme Chiffren einer extremen Herrschermacht. Unsere chinesischen Gäste brachten Kenntnisse mit von den genau einsehbaren und überprüfbaren Regeln ostasiatischer Bildkunst, Dichtkunst, Theaterkunst. Sie waren imstande, und sie haben diese Fähigkeit genutzt, nachdem sie bei uns gearbeitet hatten, die chinesischen Ursprungsgedichte zu vergleichen mit Hans Bethges Nachdichtungen in dem zu Beginn unseres Jahrhunderts so erfolgreichen Inselbuch »Die chinesische Flöte«. Von Bethge führte dann der Weg zu Gustav Mahler und dem »Lied von der Erde«. Vierzig Jahre später, im Jahre 1994, sprachen wir über dies alles beim Gastmahl in Peking und in einer einstmals kaiserlichen Hofküche. Davon wird noch zu erzählen sein.

Sonderbar oder auch nicht. Unsere chinesischen Gäste bereiteten sich schließlich auf Abschlußprüfungen ihres germanistischen Studiums vor. Sie lieferten ohne Ausnahme Prüfungsarbeiten ab in einwandfreiem, oft sehr schönem Deutsch. Ihre Themen hatten sie sich selbst ausgesucht, doch darunter fand sich, wenn die Erinnerung nicht täuscht, kein einziges literarisches Werk der damaligen deutschen zeitgenössischen Literatur. Eine Studentin war dem Gottfried Keller verfallen. Lessing war zum Erlebnis geworden. Immer wieder die Faszination des Goetheschen Faust.

Heute weiß man, daß unsere jungen Assistenten, vor allem auch viele sächsische Mitstudentinnen und -studenten, mit den chinesischen Gästen beraten, geeifert, gelacht haben. Hier hat es wirklich so etwas gegeben, um jenen häßlichen Modeausdruck zu verwenden, wie »multikulturelle Kommunikation«. Es geschah ganz ohne besonderes Aufsehen und ohne jegliche Anteilnahme durch die damaligen Medien und Instanzen des nachstalinistischen Staatsgebildes. Was ein Glück gewesen ist. Dann sind sie wieder in den Fernen Osten zurückgekehrt. Die Verbindung mit vielen von ihnen aber blieb erhalten. Ihr Professor und Prüfer verließ im Sommer 1963 die Universität Leipzig und kehrte mit zwei Koffern zurück in den Westen. Die Möbelwagen der Staatssicherheit holten bald darauf seine Bücher und seine Habe ab. Die Bücher hat er schließlich wiederbekommen, als der Staat des 8. Oktober 1949 zusammenbrach. Die Verbindung mit Peking blieb erhalten. Man hatte ein gutes Gedächtnis und war dankbar. So allein konnte es kommen, daß bereits eine erste Einladung an den »Republikflüchtling« Hans Mayer im Jahre 1980 erging. Auch von dieser ersten Chinareise wird noch gesprochen werden.

Im Jahre 1960, also ein Jahr vor Errichtung der Berliner Mauer, fand im Hörsaal 40 der Leipziger Universität ein Symposion statt zu Problemen der zeitgenössischen deutschen Lyrik. Eingeladen waren zwei Dichter aus der DDR: Stephan Hermlin und Peter Huchel, dem man zwei Jahre später, als Ulbricht nach dem Mauerbau Rücksichten nicht mehr für nötig hielt, durch Parteibefehl die Herausgabe seiner Zeitschrift »Sinn und Form« verbot. Aus dem »Westen« kamen, mit großer Freude und Neugier, die Österreicherin Ingeborg Bachmann und Hans Magnus Enzensberger. Auch Professor Walter Jens aus Tübingen war eingeladen worden. Er hielt, am Tage nach den Lesungen der Dichter im Hörsaal 40, im überfüllten Seminarraum ein Colloquium ab, worin die am Vortage gehörten Verse nun besprochen, gedeutet, besser verstanden werden konnten. Auch Frau Dr. Inge Jens war nach Leipzig gekommen. Sie hielt einen Vortrag über Thomas Mann. Damals ahnte sie noch nicht, daß in späteren Jahren gerade ihr Name verknüpft sein würde mit der Herausgabe aller Tagebücher des »Zauberers«. Walter Jens war damals tief beeindruckt von den Gesprächen mit diesen fernöstlichen Studenten in unserem Hörsaal und Seminarraum. In Leipzig waren Walter und Inge Jens wiederum mit Ernst Bloch zusammengetroffen. Ihm hatte man, als er im Jahre 1956 mit knapper Not dem Zugriff des Generalstaatsanwalts entwunden werden konnte, ein Hausverbot für die Universität mitgeteilt. Aus der Akademie der Wissenschaften der DDR war Ernst Bloch zusammen mit Robert Havemann cum infamia ausgeschlossen worden. Das soll nicht vergessen werden. Ihn selbst, den Denker des Prinzips Hoffnung, hat es wenig gekümmert. Er saß in unserem Hörsaal, hörte den Dichtern zu, verbrachte dann zusammen mit Karola Bloch den Abend mit ihnen. Die Studenten im überfüllten Hörsaal haben sich offenbar gefreut, ihn wiederzusehen. Für informelle Mitarbeiter der Staatssicherheit war es auch eine gute Zeit.

All dies ist gemeint auf den Schlußseiten eines Buches mit dem Titel »*Die Götter sind sterblich*«, das Walter Jens bereits 1959, ein Jahr vor dem Leipziger Symposion, veröffentlichte. Er berichtete damals von seinem ersten Besuch als Vortragender im Hörsaal 40. Der klassische Philologe Walter Jens sprach vor unseren Studenten über sein eigentliches damaliges Arbeitsthema: die Beziehungen zwischen europäischer Antike und Moderne. Die chinesischen Studeten, für die es eine ganz andere Antike und Moderne gab, hörten mit großer Aufmerksamkeit zu und stellten ihre Fragen. Walter Jens sah es so:

> »In meinem Kolleg saßen Chinesen, Malaien und Russen. Als ich von Hermes sprach, lächelten sie; und beim Disput im Hause der Wissenschaft wurde wieder und wieder der Name Homers beschworen. Der Schatten eines Kinderglaubens, rührend und naiv, fiel auf die strenge Diskussion und man erinnerte sich, daß Marx, befragt, warum die große Kunst, jenseits aller gesellschaftlichen Veränderungen, die Zeiten überdauern könnte, zu antworten pflegte: unaustilgbar sind die ersten und ältesten Spuren; auch ich habe als Kind den Homer gelesen und werde ihn niemals vergessen ...
>
> Am Nachmittag saßen wir dann, noch mit den gleichen Problemen, den Fragen des alternden Stalin beschäftigt – welche Konstanten gibt es in einer sich wandelnden Welt? – im Arbeitszimmer des witzig-klu-

gen Hans Mayer und sprachen zu viert, der Hausherr, Peter Huchel, der an einem Hymnus auf Persephone schrieb, Ernst Bloch und ich, über Artemis und Apollon.

Draußen, in der Düsternis einer wilhelminischen Straße, gingen die Menschen vorbei, Karren rollten über das Pflaster, Minister Strauß sprach von Krieg, Ulbricht hielt eine drohende Rede, zwei Jungen jagten einem Reifen nach. Im Zimmer aber, unter den Bildern von Karl Valentin und Bertolt Brecht, beschwor man die griechischen Sagen und noch einmal zeigte es sich, daß die Chiffre des Mythos, *Apollon und Eros*, *Aletheia und Dike* – Zeichen und Bild, Formelspruch und Schlüsselwort zugleich –, exakter als alle Beschreibung und plastischer als jede Begrifflichkeit ist ...«

III. Die Puppen des Professors Feng Zhi

Gedanken über eine sogenannte Kulturrevolution

In jenem Jahre 1959, als das Buch »Die Götter sind sterblich« von Walter Jens in der Bundesrepublik Deutschland herauskam, rüstete sich die Universität Leipzig zu einer großen Jubiläumsfeier. Im Jahre 1409 war sie gegründet worden, die Universita Litterarum Lipsiensis. Im Jahre 1909 war die 500-Jahrfeier, wie alle Berichte zeigen, höchst wilhelminisch abgelaufen, mit Kaiser und Reich, sächsischem König, vielen Talaren und Goldketten. Mit Mützen und Bändern der korporierten Studenten. Beschwingt vermutlich von den Klängen einer »Akademischen Festouvertüre«, welche Johannes Brahms einstmals als dankbarer Ehrendoktor der Universität Breslau komponiert hatte. Lieder des Studentenulks, des Bekenntnisses zum Landesvater wurden zusammengefügt mit dem Vaterlandslied »Ich hab' mich ergeben«, das der Germanist Hans Ferdinand Maßmann ziemlich holprig gedichtet hatte: der antisemitische Todfeind Heinrich Heines. Am Schluß erklang bei Brahms, wie zu erwarten mit vollem Orchesterklang, das Gaudeamus igitur. Eine sonderbare pessimistische Huldigung an das Leben. Das letzte Wort dieser Hymne lautet: Mors.

Fünfzig Jahre später ging es in einem Leipziger halb zerstörten Universitätsgebäude, das ohne weiteres hätte wieder hergestellt werden können, auf Ulbrichts Geheiß jedoch einige Jahre später in die Luft gesprengt wurde, schmuckloser zu, bei aller auch jetzt gebotenen und vorbereiteten Feierlichkeit.

Zehn Jahre nach ihrer Ausrufung und nach der – vorübergehenden – Beendigung des Kalten Krieges wollte man kulturelle Verbindungen aufrechterhalten zu den klischeehaft als kapitalistisch oder sozialistisch bezeichneten Staatsgebilden. Dem Direktor des Instituts für deutsche Literaturgeschichte war es freigestellt worden, drei namhafte Gelehrte aus Ost und West mit staatlicher Absegnung zur Jubiläumsfeier nach Leipzig einzuladen. Wir entschieden uns für Einladungen, die nach Moskau und Peking gingen, aber auch nach Paris, an den Germanisten der Sorbonne, den Leiter des Instituts d'Études Germaniques. Das war der Normanne Maurice Colleville. Mit ihm zusammen hatten wir vier Jahre vorher (1955) in Rom im Palazzo Venezia und in der Villa Sciarra auf dem San Gianicolo die Internationale Vereinigung für germanische Sprach- und Literaturwissenschaft (IVG) gegründet.

Aus Moskau erschien in Leipzig der Direktor des Gorki-Instituts für Weltliteratur, Roman Michailowitsch Samarin, aus einstigem russischem Adel, ein vorzüglicher Kenner vor allem der englischen und deutschen Literatur. Aus Peking traf ein der führende Germanist der Volksrepublik China, Professor Feng Zhi. Er sprach ausgezeichnet deutsch, kannte sich gut aus auch bei den idealistischen Philosophen von Kant bis Schelling. Mit Goethes Leben und Werk war er tief und herzlich vertraut. Er wurde später, als er das Schreckliche hat überstehen müssen, mit der Goldmedaille des Goethe-Instituts ausgezeichnet.

Nach seiner Rückkehr wurde Feng Zhi, im Zeichen der »Viererbande« mißhandelt, immer wieder gedemütigt. Als ich ihn wiedersah bei meinem ersten Besuch in Peking im Jahre 1980, hatte man längst den vier Anführern einer planmäßigen Zerstörungspolitik gegen alles angeblich bürgerliche Kulturgut den Prozeß gemacht. Bei meiner Ankunft im Herbst tagte gerade der chinesische Volkskongreß. Der mißhandelte und gedemütigte Feng gehörte ihm nunmehr an, als Abgeordneter. Scheinbar war ihm nichts anzumerken von dem Vergangenen. Darüber wurde nicht gesprochen. Zumal Feng wissen konnte, daß ich erfahren hatte, wie es damals vor sich ging. Körperliche Spuren der Mißhandlungen waren nicht sichtbar. Das innere Leben jedoch eines empfindsamen und geistvollen Chinesen an seinem Gesichtsausdruck oder seiner Körperhaltung abzulesen: das ist den Europäern wohl unmöglich. »Man sieht es ihnen nicht an.« Feng Zhi war diesmal mein chinesischer Gastgeber, was heißen soll: es war eine Freude, mit ihm zusammen zu sein.

Über seinen tiefsten Schmerz während jener Jahre der Erniedrigungen hat er mit mir nicht gesprochen. Auch später nicht, als er zu Besuch kam nach Deutschland. Ich fuhr zu ihm nach Heidelberg, und wir haben zwei Tage dort miteinander mit vielen Gesprächen verbracht. Seine Puppen jedoch wurden auch diesmal nicht erwähnt. Davon erfuhr ich erst viel später: bei der zweiten Chinareise im Jahre 1994. Eine Tochter Yan Baoyus teilte mir mit, was man damals dem Professor Feng Zhi, dem Lehrer ihres Vaters, angetan hatte.

Dieser Germanist, Freund der Bücher und der Künstler, war ein Liebhaber der herrlichen chinesischen *Puppen und Puppenspiele.* Alle Arten von Puppen, folglich nicht allein die sogenannten Spielpuppen, obwohl Feng auch diese mit Sorgfalt und besonders in ihren vielen nationalen Besonderheiten gesammelt hatte. Wichtig waren ihm aber auch die Beziehungen der Puppen zum Theater, das in den fernöstlichen Theaterspielen immer wieder faszinierende Verbindungen herstellt zu dem Spiel der Menschen und der Marionetten.

Plötzlich verstand ich, jetzt, im Jahre 1994, warum Feng Zhi wiederholt, auch noch bei meinem Besuch in

Heidelberg, von *Heinrich von Kleist* gesprochen hatte und seinem berühmten Essay »Über das Marionettentheater«. Auch hier, mit seiner Liebe zu den Puppen und Marionetten, erwies sich Feng als ein Freund und Partner vor allem der deutschen Romantiker. Auch *E. T. A. Hoffmann* vermochte nicht immer zwischen den Menschen und Marionetten zu unterscheiden. Übrigens auch nicht zwischen den Menschen und seinen Tieren: dem Hund Berganza, dem Kater Murr oder dem Meister Floh. Es gibt bei Hoffmann ein herrliches Gespräch zwischen einem »richtigen« Theaterdirektor und dem Betreiber eines Theaters der Gliederpuppen.

Die Tochter Yan Baoyus war zur Zeit der sogenannten Kulturrevolution ein kleines Mädchen gewesen. Feng Zhi hatte ihr stets erlaubt, in sein Haus zu kommen und mit den Puppen zu spielen. Als sie einmal bei ihm erschien, war Schreckliches, Sinnloses geschehen. Die Kämpfer einer »permanenten Revolution« hatten die gesamte Sammlung der Puppen und Marionetten mit heruntergerissenen Dachlatten zusammengeschlagen. Das Kind hatte bitterlich geweint. Auch bei ihrem späteren Bericht, sie war längst erwachsen, kamen ihr wieder die Tränen.

Was war hier geschehen? Auch an so vielen anderen Orten vergangener Schönheit und ihrer fremd gewordenen Adelskultur, die im Geiste einer Revolution vernichtet werden sollten. Es war mir nicht nur beim Lesen aller Berichte über die Vorgänge in China, vor allem nach dem Tode von Mao Tse-tung, rätselhaft, und es ist mir auch nach zwei Chinareisen unerklärlich geblieben.

Daß plebejische Revolten oder gar Revolutionen mit Vorgängen des *Bildersturms* einherzugehen pflegen, ist nicht unbekannt. Da ist auf der einen Seite der ungeheure

Reichtum kultureller Erbschaften, aufgehäuft durch oftmals grausame Machthaber, andererseits die Ausschließung aller Unterworfenen und Entrechteten von jeder Möglichkeit, diesen kulturellen Reichtum abzuschätzen oder gar zu nutzen. Es sind nicht nur die Plünderungen aus Habgier, die sich in solchen Fällen ereignen, sondern auch Ersatzhandlungen einer Destruktion. Man tötet die einstigen Machthaber entweder mitsamt ihrer Habe, oder man muß sich an der Habe vergreifen, nach der Flucht der eigentlichen Feinde.

Der Bildersturm der deutschen Reformation im frühen 16. Jahrhundert hat vermutlich unendliche Schätze mittelalterlicher Kunst und Kultur auch mit Hilfe heruntergerissener Dachlatten vernichtet. Der Kalif Omar befahl die Verbrennung der Bibliothek von Alexandria, diesen Inbegriff antiker Wissenschaft und Literatur. Die Jakobiner, die Sansculotten haben den Heiligenstatuen die Köpfe abgeschlagen. Ersatzhandlung anstelle des realen Köpfens mit Hilfe des Fallbeils. In der Abtei von Saint-Denis vor den Toren von Paris öffnete man die Särge der Könige von Frankreich. Schändung und Bildersturm in einem.

Nichts dergleichen jedoch hatte sich in Rußland ereignet nach dem Sieg der Bolschewiki am 7. November 1917 in unserer Zeitrechnung. Lenin war ein gebildeter bürgerlicher Intellektueller, der auf die Seite der Revolution getreten war. Seinen älteren Bruder Alexander Uljanow, ein Revolutionär wie der jüngere Wladimir Iljitsch Uljanow, hatte der Zar aufhängen lassen. Die Erhaltung der unschätzbaren Werte im Museum der Eremitage war von Lenin streng angeordnet und überwacht worden. Seine Liebe hatte stets den Büchern gegolten. Die gerettete Zentralbibliothek wurde als Lenin-Bibliothek weitergeführt.

Auch Mao Tse-tung war ein hochgebildeter Kenner der

östlichen und der westlichen Kulturen. Zhou Enlai hatte in Göttingen studiert. Maos Gedichte sind, nach dem Urteil unbefangener Sachkenner, bemerkenswerte Lyrik. Die Prosatraktate Maos »Über den Widerspruch« wie auch »Über die Praxis« waren beachtliche Versuche einer dialektischen Interpretation von Wirklichkeiten in der Nachfolge von Hegel und von Marx. Bertolt Brecht hat solche Mao-Texte genau gekannt und für das eigene literarische Schaffen genutzt.

Wie also konnte es geschehen, daß der Maoismus im Zeichen – ausgerechnet — einer sogenannten Kulturrevolution banalisiert und heruntergekommen schien bis auf das Niveau eines kleinen handlichen *Roten Büchleins*? Hier liegt es nun; »Worte des Vorsitzenden Mao Tse-Tung, Verlag für fremdsprachige Literatur, Peking 1967«.

Der Blick auf die Jahreszahl 1967 macht stutzen. Der Kult des Roten Büchleins ist uns Älteren aus jener Zeit noch wohlbekannt. Im Auditorium maximum argumentierte man gegen das tradierte Wissen der »Fachidioten« mit dem hochgehobenen Büchlein voller Aussprüche eines Großen Vorsitzenden. China war damals – scheinbar – allgegenwärtig bei den Studenten in der Freien Universität Berlin, bei den Frankfurter Opponenten des Professors Adorno, bei den Pariser Studenten, welche das Odéon-Theater besetzt hielten und den kommunistischen Dichter Louis Aragon auslachten, den Philosophen Jean-Paul Sartre nur mühsam tolerierten. Der Name des Vietnamesen Ho Tschi Minh mußte herhalten zum skandierten Schlachtruf. Wenn man daran zurückdenkt, wird plötzlich spürbar, daß alle Entrüstung über die roten chinesischen Kulturrevolutionäre, die Zertrümmerung jener Puppen des Professors Feng Zhi, unvorsichtig genannt werden muß. »Das wäre bei uns nicht möglich.« Wirklich nicht? Als wäre nicht die damalige öffentliche Diskussion über die feinsinnige Unterscheidung zwischen Gewalt gegen Sachen: ja, Gewalt gegen Menschen: nein, durchaus ein westlicher Abklang der chinesischen Kulturrevolution gewesen.

Zwei Vokabeln sind aus jener Zeit in den westlichen Sprachgebrauch gewandert: *Personenkult und Viererbande*. Beide Vokabeln sind verlogen. Als Personenkult hatte N.S. Chruschtschow auf dem XX. Parteitag der Bolschewiki derart beschönigend die jahrzehntelange Götzendienerei vor Stalin heruntergespielt, Stalin als Vater der Völker, weiser Staatsmann, größter Philosoph und dergleichen. In Leipzig wurde um das Jahr 1950 ein Professor der Geschichte nach einem Vortrag durch den zuständigen russischen Offizier lauernd gefragt: »Was haben Sie gegen den Genossen Stalin? Sie haben ihn nur dreimal erwähnt ...« Das war eine schlimme Drohung, wie der Professor wußte. In China wurde mir im Jahre 1980, nach der Verhaftung der vier Anführer jener Kulturrevolution, auseinandergesetzt, daß Mao bis etwa Mitte der sechziger Jahre durchaus nicht die stalinistische Idolatrie für sich geduldet habe. Der Kult des Roten Büchleins war erst möglich geworden, als die geistige und physische Kraft des Großen Vorsitzenden nachließ. Damals scheint es seine letzte Ehefrau, die ehemalige Schauspielerin Jiang Qing darauf angelegt zu haben, der schwindenden Wirkungskraft Mao Tse-tungs durch einen kirchenmäßig organisierten Götzendienst nachzuhelfen. Der sowjetische Personenkult um Stalin war allgegenwärtig gewesen. Der schnauzbärtige Georgier schaute allenthalben von den Wänden herab auf seine wissenschaftlich aufgeklärten Sklaven.

Das Rote Büchlein hatte eine ähnliche Funktion. Die vier Politiker – Wang Hongwen, Jiang Qing, Yao Wenyuan und Zhang Chunqiao – hatten sich als selbsternannte Politiker neben Mao vorgenommen, die Macht dadurch zu okkupieren und in den chinesischen Volksmassen zu festigen, indem sie sich stets auf Aussprüche des Großen Vorsitzenden zu berufen pflegten. *Auf diese Weise sind immer wieder Kirchen entstanden in der Menschheitsgeschichte.*

Pythagoräer in Süditalien benutzten ein höchstes Argument bei allen Erörterungen: jener habe es gesagt. Auch die lateinische Bibel, die Vulgata, die sich nicht unwesentlich von den griechischen Originaltexten unterscheidet, zitiert hierzu Jesus von Nazareth häufig mit der Formel: sicut Scriptura, wie es geschrieben steht.

Das Rote Büchlein hingegen erweist sich, von heute aus gesehen, als heimtückisch und oft ungeeignet für den Mißbrauch durch kirchengläubige Kommunisten. Alle Aussprüche Maos im Roten Büchlein nämlich zeigen den siegreichen Revolutionär und Begründer einer Volksrepublik als einen geschichtskundigen Politiker, der entschlossen ist, alle früheren Fehler sowohl der französischen Jakobiner wie der russischen Bolschewiki zu vermeiden. In Lenins echtem Testament, das Stalin unterschlug und das durch Trotzki bekanntgemacht wurde, hatte der sterbende Lenin seine Genossen davor gewarnt, das mörderische Sektentum der Robespierre und Saint-Just zu wiederholen. Die Schauprozesse Stalins, die mit einem Genickschuß zu enden pflegten, haben es anders gehalten.

Im Roten Büchlein dominieren jene Aussprüche Mao Tse-tungs, die für den chinesischen Staat und seine Staatsträger ein *demokratisches Regiment* der Erörterung, Argumentation, Überzeugung postulieren. Zum Beispiel:

> »Probleme ideologischen Charakters oder Streitfragen, die im Volke entstehen, können nur mit der Methode der Demokratie, mit der Methode der Diskussion, Kritik, Überzeugung und Erziehung, nicht aber

durch Zwangs- und Unterdrückungsmaßnahmen gelöst werden.«

Oder

»Jedermann, wer immer es auch sei – vorausgesetzt, daß er kein feindliches Element ist und keine böswilligen Angriffe unternimmt —, darf seine Meinung äußern, und es macht auch nichts aus, wenn er etwas Falsches sagt. Die führenden Funktionäre aller Ebenen haben die Pflicht, die Meinungen anderer Leute anzuhören. Zwei Prinzipien sind einzuhalten: 1. Weißt du etwas, sprich; sprichst du, sage alles. 2. Dem Sprecher nicht zum Tadel, dem Zuhörer zur Lehre. Wenn das Prinzip ›Dem Sprecher nicht zum Tadel‹ nicht eingehalten wird – und zwar wirklich eingehalten, nicht zum Schein –, dann wird man nicht erreichen können, daß die Leute sagen, was sie wissen und alles aussprechen, was sie zu sagen haben.«

Scheinbar stehen all jene gleichfalls aufgezeichneten Aussprüche dazu im Widerspruch, in welchen Mao dringend fordert, daß die Leitung seiner Partei und die Leitungen der Staatsapparate ihre Tätigkeit auszuüben hätten in ständiger Befragung der Leute aus dem Volke. Am sowjetischen Beispiel hatte Mao erlebt, daß der Bürokratismus der Funktionäre und Ämter degenerieren muß vom angeblich demokratischen Zentralismus zu einer Funktionärdiktatur über das eigene Volk. Beispielsweise:

»Wenn man sich mit den Massen verbinden will, muß man den Bedürfnissen und Wünschen der Massen entsprechend handeln. Bei jeder Arbeit, die für die Massen geleistet wird, muß man von den Bedürfnissen der Massen ausgehen und nicht von irgendwelchen persönlichen Wünschen, und seien diese noch so wohlmeinend. Es kommt sehr oft vor, daß die Massen zwar objektiv bestimmter Reformen bedürfen, subjektiv aber sich dessen noch nicht bewußt sind, sich noch nicht entschlossen haben oder noch nicht den Wunsch hegen, die Reformen vorzunehmen; dann müssen wir geduldig abwarten. Erst dann, wenn durch unsere Arbeit den Massen in ihrer Mehrheit das betreffende Bedürfnis zum Bewußtsein gekommen ist, wenn sie ihren Entschluß gefaßt haben und selbst den Wunsch hegen, die Reform durchzuführen, können wir an diese Arbeit schreiten; sonst könnten wir uns von den Massen loslösen. Jede Tätigkeit, bei der die Teilnahme der Massen erforderlich ist, wird zu einer bloßen Formsache werden und Schiffbruch erleiden, wenn das Bewußtsein und der Wille der Massen fehlen ...

Hier gibt es zwei Prinzipien. Das eine lautet: Man muß von den realen Bedürfnissen der Massen ausgehen, nicht aber von solchen, die wir uns einbilden. Das andere besagt: Die Massen müssen es selbst wünschen, der Entschluß muß von den Massen selbst gefaßt werden, nicht aber von uns an ihrer Statt.«

Es ist bekannt, daß Tse-tung, ausdrücklich als Lehre aus den götzenhaften und autokratischen Erfahrungen mit dem Stalinismus, eine Entmachtung seiner eigenen Parteiführung angestrebt hatte.

Nach Maos Tod machten die vier angeblichen Erben daraus eine Verbindung von Personenkult und Massenkult unter Berufung auf Texte des Großen Vorsitzenden, und als angebliche Sprecher der Volksmassen versuchten sie, nicht nur jene Minister und Parteifunktionäre zu stürzen und zu schinden, die das Erbe Mao Tse-tungs anders interpretierten. Sie benutzten vor allem die Gelegenheit, alle jene bürgerlichen, bäuerlichen, intellektuellen

Schichten des Riesenreiches auszugrenzen, die nicht bereit waren, den abverlangten permanent revolutionären Aktivismus der bilderstürmerischen und irregeleiteten Menschen hinzunehmen.

Mao Tse-tung starb am 9. September 1976. Am 7. Oktober wurden die Vier verhaftet: Wang Hongwen, Jiang Qing, Yao Wenyuan und Zhang Chunqiao. Man machte ihnen den Prozeß. Das Gesetz sah die Todesstrafe vor. Die Sieger über die Viererbande respektierten die Lehren aus den Fehlern der Jakobiner und der Stalinisten. Die Untäter einer sogenannten Kulturrevolution blieben in Haft. Die Witwe Mao Tse-tungs erwies sich in dem Prozeß als hochfahrend und unbelehrbar. Sie hatte wohl immer aus der chinesischen Revolution für sich eine Privatsache gemacht.

Als ich zum ersten Mal in Peking war, im Herbst 1980, äußerte ich den Wunsch, das Mausoleum mit der aufgebahrten Hülle des Großen Vorsitzenden zu besuchen. Ich spürte ein gewisses Unbehagen bei den damaligen Gastgebern. Sie wären von sich aus nie darauf verfallen, mir gerade diesen Besuch vorzuschlagen. Als ich im Herbst 1956, drei Jahre nach Stalins Tod, nach Moskau kam, sah ich Stalin noch in seiner Uniform an der Seite des Zivilisten Lenin. Aber in Georgien, der Heimat Stalins, gab es jetzt nicht mehr den obligatorischen Besuch in dem Örtchen Gori, wo der spätere Vater der Völker zur Welt gekommen war.

Als ich dann im Jahre 1980, vier Jahre nach dem Zusammenbruch jener Kulturrevolution, das Mao-Mausoleum betrat, warteten draußen endlose Schlangen von Besuchern, wie an jedem Tag, auf den Einlaß. Genauso wie auch im September des Jahres 1994.

IV. Chinareise 1980

Nachdenken über Kultur nach der Kulturrevolution

Sonderbar: jedesmal, wenn ich bei meinen Vorträgen in Peking oder Nanking oder Shanghai beim Versuch, die Etappen der deutschen Literaturentwicklung seit Kriegsende nachzuzeichnen, zu den Ereignissen von 1967/68 kam, und folglich über eine »Kulturrevolution« zu sprechen war, gab es Heiterkeit im Auditorium. Ein simples Gelächter, das mich beim ersten Mal verwunderte, fast erschreckte. Hatte ich ahnungslos ein Tabu verletzt? Später – als sich die Reaktion fast schon programmieren ließ – wartete ich auf den Anblick lachender Gesichter. Ich fragte dann nach dem Grund von so viel Heiterkeit, bekam aber kaum eine Antwort, die weiterhalf. Man empfinde das Wort einfach als komisch, nach alledem. Mehr war nicht herauszubringen.

Eines wurde mir trotzdem klar: das Gelächter war nicht herablassend oder gar höhnisch, weil man in Deutschland in Kreisen der Studenten geglaubt hatte, eine Revolution der Kultur lasse sich ohne voraufgehende Revolution praktizieren. Schließlich waren dem Treiben der Leute mit dem Roten Büchlein die schweren Jahre eines langen Marsches vorausgegangen. Die jetzigen Angeklagten der »Viererbande« hatten, unverkennbar inspiriert durch Mao, ein Weitertreiben der Revolution, eine neue Revolutionierung der Basis angestrebt, um bürokratische Strukturen zu zerstören. Gleichsam: die Kulturrevolution als letzte Etappe der Chinesischen Revolution. In der Tat, für dergleichen fehlten alle Voraussetzungen in Europa, ganz zu schweigen in einem geteilten Deutschland.

Trotzdem war dies alles offenbar nicht gemeint, wenn

gelacht wurde. Ich hatte in meinen Vorträgen den Essay Peter Schneiders zitiert über »Die Phantasie im Spätkapitalismus und die Kulturrevolution«, also eines der bemerkenswerten Dokumente einer deutschen Reaktion auf die französische Studentenrevolte. Ich hatte auch nicht verschwiegen, daß Peter Schneider zehn Jahre später bekannte, nachdenkend über jenen so erfolgreichen und wirkungsvollen Text von damals: »Kein Aufsatz scheint mir heute so zeitverhaftet wie dieser.« Meine chinesischen Zuhörer, die Professoren, Dozenten und Studenten der Deutschen Literatur, hatten aufmerksam zugehört, dann auch Fragen gestellt, die bewiesen, daß man sich auskannte. Allein sie betrachteten solche Gedankengänge als ein literarisches, vielleicht allgemein-ideologisches Problem der Deutschen. Solches Reden von »Kulturrevolution« hatte nicht im mindesten zu tun mit dem, was man selbst ungefähr im selben Jahrzehnt erlebt hatte: zwischen 1966 und 1975.

Ich deute mir, heute darüber nachdenkend, das Gelächter fast als ein Aufatmen. Ein befreiendes Gelächter nach allem, was sich in jenem Jahrzehnt in dem ungeheuren Reich abgespielt hatte unter der Losung einer »Kulturrevolution«. Das Gelächter galt nicht einer anspruchsvollen Terminologie, die zeitweilig vergessen machte, daß jene Revolutionäre der Kultur nicht eine Erneuerung des kulturellen Lebens im weitesten Verstande betrieben, sondern die Zerstörung einer vorhandenen Kultur, ihrer Träger, Zeugnisse und Institutionen. Wer dies alles, wie meine Zuhörer der mittleren und älteren Generation, hat erleiden müssen, oder selbst noch praktizieren mußte, wie die jungen Studenten dieses Jahres 1980, schien aufzuatmen. Wir sind noch einmal davongekommen. Man lachte. Doch keiner hat von sich aus während meines Aufenthalts in China, beim Rückblick, von »jenen Jahren« als von einer »Kulturrevolution« gesprochen. Das wäre zuviel der Ehre gewesen.

Die mich eingeladen hatten nach China – Mitglieder der Chinesischen Akademie für Gesellschaftswissenschaften und Professoren der Universität Peking – wußten genau, warum gelacht wurde beim Rückblick auf jenes Jahrzehnt. Sie hatten, Repräsentanten der Kultur, viel erlebt und erlitten unter dem Toben einer durch Parolen aller Art aufgestachelten Menge, einer »Meute«, die Elias Canetti definiert hat in seinen Untersuchungen über »Masse und Macht«. Wieder saß ich zusammen im Gespräch mit Professor Feng Zhi, dem führenden Germanisten der Akademie, dem Lehrer der meisten jüngeren Kollegen und Dozenten. Nun war er Mitglied des Volkskongresses, welcher in Peking tagte zur Zeit meines Besuches. Er mußte sich Urlaub erbitten beim Präsidium des Kongresses, um mich dem Auditorium der Akademie vorzustellen. Vor 21 Jahren war er in Leipzig bei mir zu Gast gewesen, beim Jubiläum der Leipziger Universität im Jahre 1959. Damals repräsentierte er die chinesische Germanistik, so wie Maurice Colleville als Vertreter der Sorbonne erschienen war oder R. M. Samarin als Vertreter der sowjetischen Germanistik. Den sowjetischen und den chinesischen Germanisten schien damals noch eine tiefe Gemeinschaft zu vereinigen.

Später hatte man, während jener Kulturrevolution, die Arbeit einer Chinesischen Akademie der Gesellschaftswissenschaften für überflüssig erklärt, wenn nicht schädlich. Glücklich waren jene Mitarbeiter der Akademie, die man – verächtlich – bloß zum Nichtstun anhielt. Man gab ihnen weiterhin ein bißchen Geld, untersagte jedoch ausdrücklich alle weitere Arbeit. Feng Zhi hingegen, das hat er mir einmal zugeflüstert, denn auch die anderen sprachen nicht davon, wurde einer johlenden Meute vorgestellt mit einem Schild um den Hals, worauf er irgendwelcher Schändlichkeiten bezichtigt wurde, wie damals üblich.

Professor Feng Zhi hatte in den fünfziger Jahren seine besten Schüler an die Universität Leipzig geschickt, hervorragend begabte und fleißige Studenten. Die Briefe, die sie mir jetzt wieder schreiben können, sind makellos.

In der Pekinger Universität, wo ich wunschgemäß über Thomas Mann referierte, wurde ich den Studenten vorgestellt durch meinen einstigen Schüler aus Leipzig, den jetzigen Professor Yan Baoyu. Yan ist ein sehr musischer Gelehrter, leidenschaftlicher Verehrer der klassischen und romantischen Musik. Er hat mir berichtet, wie es ihm erging, als die schreienden Milizen in seine kleine Wohnung einbrachen. Beschimpfungen und Schläge. Die Bücher sollten sogleich verbrannt werden. Dann fand einer, aus Vorsicht oder geheimer Hilfsbereitschaft, den Einwand: man müsse sich vorher eine Anweisung holen für das Autodafé. Also wurden die Bücher überklebt und versiegelt. Dann vergaß man den Vorfall, so wurden sie gerettet. Die kostbaren und geliebten Schallplatten hingegen wurden weggeschleppt und vernichtet. Yan ist auch heute noch bewegt, wenn er davon spricht. Man hatte ihn, den zarten Menschen, dann in die Winterkälte geschickt zur schweren Landarbeit. Er ist auch wieder mißhandelt worden, das haben mir seine Freunde berichtet, denn er selbst sprach nicht davon, als er es wagte, sich nach wie vor zu Beethoven zu bekennen. Man erinnert sich: es kamen Berichte zu uns über die offizielle Ächtung Beethovens und vor allem auch Franz Schuberts durch die Revolutionäre der Kultur. Wir haben damals den Kopf geschüttelt und gelacht. Es war nicht zum Lachen.

Das sind Einzelfälle, von denen hier berichtet wird, allein es sind Schicksale von Menschen, die ich kannte und kenne. Als ein Damals und als ein Heute. So vermag ich für mich zu rekonstruieren, was sich an wirklichem und möglichem Einzelgeschehen verborgen hat hinter den Losungen einer Kulturrevolution, die tatsächlich eine Destruktion von Kultur war. Nun verstand man plötzlich, wenn in der Stadt Hangzhou, bei Besichtigung des 1600 Jahre alten Ling Yin-Tempels, wie beiläufig mitgeteilt wurde, seine beabsichtigte Zerstörung sei im letzten Augenblick widerrufen worden. Auch bei anderen Monumenten erfuhr man, die Zerstörung sei damals eben noch rechtzeitig durch ausdrücklichen Einspruch von Zhou Enlai verhindert worden.

Die Leipziger Schüler von einst hatten kurz vor meiner Abreise, als ich aus Hangzhou zurückgekehrt war nach Peking, gleichsam ein »Klassentreffen« veranstaltet. Siebzehn der einstigen Studenten waren erschienen. Sie arbeiten heute im Außenministerium, im Rundfunk, an vielen Stellen, wo es um die Beziehungen zu Westeuropa geht, natürlich auch an der Akademie der Gesellschaftswissenschaften, wie Professor Zhang Li, und an der Universität von Peking, wie Professor Yan.

Keinem war es erspart geblieben, verworfen zu werden im Namen einer Doktrin, die erklärt hatte: »Revolution ist wichtiger als Produktion.« Das Erschreckende an einem Gesellschaftsprozeß, der als Praxis zu einer Lehre auftrat, die sich auf Intellektuelle berief wie Marx und Engels, Lenin und den Dichter-Philosophen Mao, war die totale Negierung von Schule und Schulung, von Tradition und individueller Begabung. In einem Land, das höchste Beiträge zur Weltkultur geliefert hatte, konnten sich Analphabeten und Bilderstürmer zehn Jahre lang austoben: gelenkt und angefeuert durch Intellektuelle. Zum Beispiel durch die einstige Schauspielerin Jiang Qing, die Witwe Maos, die keineswegs, wie häufig behauptet wird, vom Tingeltangel herkam. Sie mag nicht sehr gut gewesen sein als Schauspielerin, allein sie hat in ernstzunehmenden Stücken gespielt. Einer sprach von ihr, der sie als Nora von Ibsen auf der Bühne sah. Das war aber wohl eine Fehlbesetzung. Dann doch eher Hedda Gabler.

Als das Besuchsprogramm mit mir besprochen wurde, gleich nach der Ankunft in Peking, äußerte ich den Wunsch, da die chinesischen Gastgeber nichts dergleichen anregten, das Mausoleum für Mao Tse-tung zu besuchen. Man schwieg einen Augenblick, merkte beiläufig an, das Mausoleum sei nicht jeden Tag geöffnet, werde vielleicht im Augenblick auch gerade renoviert, wolle aber Nachricht geben. Kein Zweifel: ein Besuch im Mausoleum gehörte längst nicht mehr zum Ritual für fremde Besucher. Eine Weile nichts mehr, bis eines Abends der Dolmetscher und Organisator meiner Reise, ein junger Germanist der Akademie, mitteilte: Man müsse am nächsten Morgen früh aufbrechen, denn das Mausoleum öffne bereits um neun Uhr. Man habe zeitig zur Stelle zu sein, die Erlaubnis zum Eintritt sei schon erteilt, so daß man bevorzugt eingelassen werde. Am anderen Tag wiederholte sich damit für mich, mit leichter Abänderung, das wohlbekannte Moskauer Ritual.

Auch am Eingang zum Pekinger Mausoleum wartete schon die Schar der privilegierten Besucher. Eine stattliche Gruppe amerikanischer Touristen. Etwas weiter entfernt, hinter einer Absperrung, warteten die Chinesen auf Einlaß. Ich hatte nicht den Eindruck, daß im Lande eifrig geworben wurde als für eine gleichsam rituale Verpflichtung. Dennoch waren viele Menschen gekommen. Beides ist chinesische Wirklichkeit von heute: die Auseinandersetzung über Maos »Fehler« und »Verdienste«, wobei viel Bitterkeit aufkommt in jedem Gespräch, zugleich aber auch die Überzeugung, daß das Mausoleum zu Recht errichtet worden sei. Auch über den Stil dieser Grabstätte: ein mächtiges Gebäude, das nichts enthält als die Vorhalle und den Raum mit dem gläsernen Sarg, wird öffentlich diskutiert. Die Architekten hatten wahrscheinlich keine Wahl. Das Mausoleum steht zwischen zwei flankierenden Riesengebäuden: der Halle des Volkes und dem Revolutionsmuseum. Erst der Bau eines Mausoleums hat den »Platz des Himmlischen Friedens« konturiert. Die Proportionen mußten stimmen.

Die Eingangshalle präsentiert dem Eintretenden eine Wand mit goldenen Buchstaben: ein Gedicht in der Handschrift Maos.

Dann kann man sich rechts oder links in die Schlange einordnen, die von der Eingangshalle hinübergeht zur Grabstätte. In Moskau war das, wenn ich mich recht erinnere, genau so angeordnet. Auch hier in Peking gibt es kein Stehenbleiben. Man umschreitet den Sarg und findet sich sogleich beim Ausgang wieder.

Maos Hände sind nicht zu sehen. Die Decke ist sehr hochgezogen. Ein Mann von stattlicher Größe, wie man sie von den Photographien her kennt. Der Tote trägt keine Uniform, sondern die hochgeschlossene grüne, wohlbekannte Jacke. Keine Orden.

In einem Gedicht »Unter Glas« hat Jürgen Theobaldy, der im Mai 1980 mit anderen deutschen Schriftstellern das Mausoleum besuchte, seinen Augenblick mit Mao beschrieben. Da heißt es:

»Glänzend das Gesicht, die rosa Falten,
die alte, stark geschminkte Haut,
die Haare ölig: so immer angeschaut
im echolosen Neonlicht von Tausenden
und keine Ruhe, kein Verfall, Vergehen.
Was nicht neu wird, neu von neuem,
Wie soll es noch erhalten bleiben?
Hier Geflüster: Ehrfurcht steht und Stille.
Aufbewahrt, nicht aufgehoben, diese Hülle.«

Bleibt zu fragen, ob sie stimmt, diese letzte Zeile, daß Mao Tse-tung in seinem Mausoleum bloß aufbewahrt wird, gleichsam konserviert. Daß hier aber nicht die Hegelsche Dialektik des Wortes »aufheben« walten könne. In dem Sinne nämlich, daß Mao ein »Vermächtnis« hinterließ, welches – nach seinem Tode und der Mumifizierung – nach wie vor geistiges Leben bewirkt auf einer höheren Stufe der Entwicklung. Daß die von Mao weitgehend mitgeschaffene Chinesische Volksrepublik auch nach seinem Tode emporgehoben und weiterentwickelt werden kann.

Theobaldys Gedicht scheint Mao und den Maoismus als »abgelebte Gestalt« der Geschichte zu interpretieren. Ich bin durchaus nicht so sicher. Die Kultur nach Mao, und natürlich auch nach der Kulturrevolution, ist undenkbar als totale Negation des Maoismus. Wenn irgendwo, so scheint mir gerade bei diesem komplexen geschichtlichen Vorgang der dreifache Wortsinn einer »Aufhebung« berechtigt zu sein. Sie kann Annullierung bedeuten, indem der Maoismus von nun an aufgehoben wird. Sie kann die Konservierung des Maoismus bedeuten, und darum geht es vermutlich im Augenblick im Zeichen der Gerichtsverhandlungen. Sie kann aber schließlich auch eine neue geschichtliche und gesellschaftliche Synthese meinen. Man soll sich nicht täuschen über die

Dimensionen dieses Mannes im gläsernen Sarg, der so viel nachdachte über Dialektik und gesellschaftliche Antagonismen. Er ist nicht zu vergleichen als Denker mit der grobschlächtigen und ehrgeizigen Besserwisserei eines J. W. Stalin. Stalin war ein Praktiker der Macht, der unbedingt dem verhaßten und insgeheim bewunderten Intellektuellen Trotzki nacheifern wollte. Mao Tse-tung war ein wirklicher Denker, offenbar auch ein begabter Dichter. Muß man nicht von *intellektuellem Selbsthaß* sprechen, wenn ausgerechnet er in seiner Politik die Verachtung der Intellektuellen immer wieder zu praktizieren suchte?

Ich habe jetzt nach der Rückkehr aus China das Rote Büchlein wieder zur Hand genommen, also die »Worte des Vorsitzenden Mao Tse-Tung«. Auch hier gibt es eine Seite mit der faksimilierten Handschrift, und sie erinnerte sogleich an die Goldbuchstaben im Mausoleum zu Peking. Dann folgt, datiert am 16. Dezember 1966, das Vorwort und beginnt so: »Genosse Mao Tse-Tung ist der größte Marxist-Leninist unserer Zeit. In genialer schöpferischer und allseitiger Weise hat Genosse Mao Tse-Tung den Marxismus-Leninismus als Erbe übernommen, ihn verteidigt und weiterentwickelt; er hat den Marxismus-Leninismus auf eine völlig neue Stufe gehoben.« Wenn man das Vorwort zu Ende gelesen hat, starrt man fast ungläubig auf die Signatur des Vorwortverfassers: Lin Biao.

Das also schrieb ein Mann, der dann offenbar versuchte, den Vorsitzenden zu stürzen; zu flüchten versuchte, als der Putsch mißlang, und dabei umkam, beim Absturz eines Flugzeugs, wie verlautet. Wollte er nach Moskau fliegen? Dann handelte es sich vielleicht um den gescheiterten Versuch einer sowjetischen Fraktion innerhalb der Chinesischen Kommunistischen Partei. Analoge

Vorgänge im Jugoslawien Marschall Titos sind bekannt. Denkbar wäre es. Jedenfalls hat man die arretierten Generale und Anhänger Lin Biaos zusammen mit der »Viererbande« vor Gericht gestellt. Die Einleitung zum Roten Büchlein trieft von Servilität: der Größte, genial, schöpferisch, allseitig, völlig neu. Das hat man nach Stalins Tode mit dem beschönigenden Ausdruck »Personenkult« bezeichnet. Das Rote Büchlein war auch Personenkult von Stalinschen Dimensionen, und Mao hat ihn offensichtlich zum mindesten toleriert.

Dabei wäre die Lektüre des Roten Büchleins, wenn man es las statt als Bibelspruch zu zitieren, durchaus nützlich gewesen. Noch im Februar 1957 hatte Mao über die »richtige Behandlung der Widersprüche im Volke« nachgedacht und, wie gesagt, konstatiert: »Probleme ideologischen Charakters oder Streitfragen, die im Volke entstehen, können nur mit der Methode der Demokratie, mit der Methode der Diskussion, Kritik, Überzeugung und Erziehung, nicht aber durch Zwangs- und Unterdrückungsmaßnahmen gelöst werden.« Die Theorielosigkeit und Praxis während der Kulturrevolution, noch zu Maos Lebzeiten, hat sich nicht gerade eng daran gehalten. Es las sich wie Hohn, wenn man gegen den Schluß des Büchleins aus Maos berühmtem Aufsatz »Über die Praxis« vom Juli 1937 zitierte: »Kenntnisse gehören zur Wissenschaft, und bei der Wissenschaft ist nicht die geringste Unehrlichkeit oder Überheblichkeit statthaft, da bedarf es entschieden gerade des Gegenteils – der Ehrlichkeit und Bescheidenheit.« Ich bin sicher, daß der Revolutionär Mao Tse-tung, als er das niederschrieb, und unendlich weit entfernt schien von seinen späteren und späten Erfolgen, damit auch eine Abgrenzung zu Stalin und zur Theologisierung des sowjetischen Marxismus vornahm: um als Achtzigjähriger die entgegengesetzte Praxis zu alledem zuzulassen.

Noch während meines Aufenthalts in China war bekannt geworden, daß der seit langem erwartete Prozeß gegen die »Viererbande« gekoppelt sein werde mit dem Verfahren gegen die Fraktion des toten Lin Biao. Das veranlaßte mich bei jenem »Klassentreffen« zur Frage an die gut informierten Studenten von einst, ob man aus dieser Koppelung schließen könne, daß auch Maos Witwe mit ihren Satelliten als Teil einer sowjetischen Fraktion angesehen werden müsse. Die Antwort wurde ungewöhnlich klar formuliert. Nach der bisherigen Kenntnis der Akten und Vorgänge müsse man wohl annehmen, daß da kein Zusammenhang bestehe. Daraus wäre nun wiederum zu folgern, daß Lin Biaos Leute, wenn sie Mao hätten stürzen können, wohl kaum seine Frau Jiang Qing unbehelligt gelassen hätten. Man wird die beiden Gerichtsverfahren inhaltlich und politisch also voneinander trennen müssen. Für sie sind offensichtlich auch getrennte Tribunale vorgesehen: das Militärgericht für die Anhänger Lin Biaos, das Zivilgericht für die Vier. Die Verwirrung wird noch größer, wenn man daran zurückdenkt, daß vor vier Jahren, als man Maos Witwe und ihre Freunde verhaftete, das beliebte Wort vom »Revisionismus« wieder einmal umging. Die Viererbande sei eine Gruppe von Revisionisten gewesen. Mit dieser Vokabel läßt sich trefflich streiten. Die chinesische Propaganda hatte nach dem Brauch mit Moskau, auf Maos Anweisung, die damalige sowjetische Führung, also N. S. Chruschtschow, als Revisionisten abgestempelt, übrigens auch die DDR. Nun aber sollten die Leute der Kulturrevolution plötzlich als Revisionisten zur Rechenschaft gezogen werden.

Das war nicht haltbar und wird auch heute, im Zusammenhang mit den laufenden Gerichtsverfahren, nicht mehr von neuem vorgebracht. Der Mißbrauch mit dem »Revisionismus« ist besonders evident, weil dieser

Terminus zu Beginn unseres Jahrhunderts noch innerhalb der sozialdemokratischen Arbeiterbewegung aufkam.

Hier das Festhalten an den Grundprinzipien des Marxismus – dort aber, etwa bei Eduard Bernstein und seinen Anhängern, die Forderung nach einer Revision der marxistischen Lehre vom Klassenkampf und von der proletarischen Revolution. In der sowjetischen Praxis, noch inspiriert durch Lenin, wurde als »Revisionist« ein jeder angegriffen, der sich einer theologischen Festschreibung im Zeichen des »Marxismus-Leninismus« widersetzte.

Der englische Marxist *Eric J. Hobsbawm* hat sich bemüht, den terminologischen Wirrwarr zu klären. Es habe nur zweimal, in zwei relativ kurzen Phasen, einen wirklichen Revisionismus gegeben, nämlich um die Jahrhundertwende und seit den Fünfziger Jahren: »Beide Phasen weisen gewisse Gemeinsamkeiten auf. Beide fielen in Zeiten, da durch den Gang der Ereignisse (...) an den Voraussagen des bevorstehenden Zusammenbruchs des Kapitalismus, an den die Marxisten glaubten, erhebliche Zweifel aufzukommen schienen.« (Eric J. Hobsbawm, Revolution und Revolte. Frankfurt 1977, S. 188/89) Nichts davon aber kann bei Mao selbst oder gar bei der sogenannten Viererbande konstatiert werden. Wenn man den skeptischen Revisionismus, nach der beliebten Einteilung, als eine »rechte Abweichung« charakterisieren darf, so wird man die Leute der Kulturrevolution sicherlich, im Sinne der leninistischen Terminologie, als »ultralinke Sektierer« bezeichnen müssen.

Mir ist von jeher, bereits vor dem Ausbruch der Kulturrevolution im Jahre 1966, aufgefallen, daß die damalige chinesische Strategie erstaunliche Ähnlichkeiten aufwies mit Trotzkischen Thesen von der »permanenten Revolution«, obwohl sich Mao ausdrücklich, als allerletzter, nach wie vor zu der Vierergruppe Marx – Engels – Lenin – Stalin bekannte. Es scheint mir durchaus richtig zu sein, wenn abermals Hobsbawm konstatiert: »Die Stalinistische Unterdrückung und die Richtigkeit der Trotzkischen Kritik an vielen Tendenzen in der Sowjetunion machte ihn unter manchen Revisionisten populär. Gleichzeitig waren damals zweifellos die Chinesen derjenige Teil der kommunistischen Bewegung, der am eindeutigsten die trotzkistische Einstellung zur Weltrevolution repräsentierte.« (Hobsbawm a.a.O., S. 191)

Es gehört wiederum zu den erstaunlichen Widersprüchen Maos und des Maoismus, die vermutlich erst in künftigen Jahren sorgfältig analysiert werden können, daß bei dem Vorsitzenden offenbar der Denker und der Poet einen inneren Kampf aufführten, der sich unvermeidlicherweise – nach außen getragen – als verhängnisvolle Praxis auswirkte. Einerseits der tiefe intellektuelle Selbsthaß dieses bedeutenden Intellektuellen; zum andern immer wieder in Maos Schriften ein nicht minder tiefes Vertrauen in die Schöpferkraft des chinesischen Volkes. Nur so kann man sich Maos Konzept des sogenannten »Großen Sprungs nach vorn« erklären, der zwischen 1958 und 1960 praktiziert wurde, um mit einer wirtschaftlichen Katastrophe zu enden. Dabei hatte gerade Mao bereits 1948 erklärt: »Wenn das Bewußtsein der Massen noch nicht geweckt ist und wir dennoch einen Angriff unternehmen, so ist das Abenteuertum. Wenn wir die Massen stur zu etwas veranlassen, das sie selbst nicht zu tun wünschen, so wird das Ergebnis unweigerlich eine Niederlage sein.« Genau so ist es dann zweimal gekommen als Folge jenes »Großen Sprungs« wie vor allem als Folge jenes Jahrzehnts einer Kulturrevolution, die zehn Millionen Analphabeten in China hinterließ.

Die Gastspiele der Peking-Oper sind auch bei uns bekannt. Ich wollte aber das Theater einmal mitsamt seinem Pekinger Publikum erleben. Man spielt allabendlich, die Eintrittspreise sind kaum nennenswert, das Haus ist stets überfüllt. Wir wählten einen Abend, wo ein Stück der traditionellen chinesischen Theaterkunst aufgeführt wurde mit dem Titel »Die Kraniche fliegen nach Südosten«, wenn es mir richtig übersetzt wurde. Der Titel ist eine Verszeile aus einem wohlbekannten Gedicht oder auch »Lied«, denn auch hier gehen Poesie und Rhapsodie offenbar ein enges Bündnis ein. An einer Stelle der Handlung wird jenes Gedicht auf der Szene zitiert, oder auch gesungen, wie gesagt. Man machte mich darauf aufmerksam, daß viele Zuschauer heimlich die Lippen bewegten und mitsprachen.

Eine Familiengeschichte aus dem einstigen Konflikt zwischen feudaler und bürgerlicher Tradition. Also gleichsam ein Theaterstück aus dem ideologischen Bereich unseres Sturm und Drang. Doch gerade beim Versuch, eine Analogie herzustellen zu unseren literarischen Traditionen, wird man der Sinnlosigkeit eines solchen Paralleldenkens inne. Das Spiel war streng stilisiert. Jede Bewegung der Hände, der Schleier, der Schritte war tradiert, stellte gleichfalls ein Zitat dar. Mit diesem Phänomen hat sich Brecht in seinen Studien über das chinesische Theater immer wieder beschäftigt. Die Handlung war banal im Sinne unseres Theaters, das immer mehr vom Wegwerfprinzip determiniert scheint. Die böse Schwiegermutter und die junge Frau. Der Sohn gerät in den Normenkonflikt zwischen dem Respekt vor der Mutter und der Liebe zu seiner Frau. Es sind soziale und rituale Konflikte, die offensichtlich kaum psychologisiert werden. Die junge Frau wird zurückgeschickt zu ihrer Mutter. Dort hat man ihr schon einen anderen wohlhabenden, glanzvollen Gatten ausgesucht, allein sie geht in den Tod und hält so einen Treueschwur, den der frühere Gatte bereits verraten hat.

Alles wirkte schön und wurde offenbar ganz nach der tradierten Spielweise vorgeführt. Faszinierend war für mich das Publikum. Wir reden neuerdings gern und viel von der Notwendigkeit eines »Volkstheaters« und erleiden damit immer wieder eine Pleite. *Dies hier war Volkstheater*, dessen bin ich sicher. Ein angespannt lauschendes Publikum, das keinerlei Schwierigkeiten zu haben schien mit der strengen und stilisierten Theaterkunst. Man kannte sich aus, und man folgte gespannt und ohne Mühe. In der Pause lief man umher, trank Fruchtsäfte oder Bier, war freundlich und höflich, gut gelaunt. Was war hier Elite oder Masse? Die Kulturrevolution war nicht imstande, diese tradierte Kultur des chinesischen Theaters zu zerstören.

Daß Diderots berühmte Enzyklopädie mitgeholfen hat, die Französische Revolution des ausgehenden 18. Jahrhunderts geistig vorzubereiten, ist bekannt. Bereits die Akzentsetzung war als Absage zu verstehen an die ästhetische Kultur des Absolutismus. In Diderots Enzyklopädie dominierten die Naturwissenschaften, die Handwerkstätigkeiten und angewandten Künste: die arts et métiers. Auch der Sowjetstaat begann, noch auf Vorschlag Lenins, mit der sorgfältig geplanten und organisierten Unternehmung einer Sowjetischen Enzyklopädie. Sie hat inzwischen viele Phasen durchlaufen, und es gehört zu den reizvollen Studien einer Ideologiekritik, bestimmte Artikel oder auch bestimmte Sachthemen und historische Porträts der Sowjetischen Enzyklopädie in ihrem Wandel zu analysieren.

Zur chinesischen Kultur nach der Kulturrevolution gehört auch das große Unterfangen einer neuen Chinesischen Enzyklopädie. Die Literaturwissenschaftler der Akademie für Gesellschaftswissenschaften legten mir eine Liste derjenigen Schriftsteller deutscher Sprache vor, die man in der Enzyklopädie zu behandeln gedachte. Auch hier kannte man sich gut aus. Bei einigen Autoren der Vergangenheit, die noch zum Inventar einer deutschen Klassikerbibliothek von einst gehörten, die man heute aber in guten Treuen vergessen darf, wie mir scheint, regte ich an, auf den geplanten Artikel zu verzichten, nannte dafür andere Autoren. Zum Beispiel den Karl Philipp Moritz, der auf der Liste fehlte. Ähnlich hielt ich es auch mit den Ratschlägen zur Gegenwartsliteratur. Ich werde mich hüten, hier mitzuteilen, wo ich eine Streichung anregte, wo eine Neuaufnahme.

Ein Liebhaber der historischen Analogien könnte die heutige Lage in China unschwer vergleichen mit dem Sturz Robespierres und Saint-Justs im Sommer des Jahres 1794. Das siegreiche Directoire betrieb dann zunächst eine wirtschaftliche Stabilisierung des Landes, übrigens auf der Grundlage der neuen revolutionären Produktions- und Eigentumsverhältnisse. Wie es weiterging, ist gleichfalls bekannt: wirtschaftliche Stabilisierung, die im Innern gebändigte Revolution als expansiver Exportartikel, der General Bonaparte, das Kaiserreich.

Jene Vier, die nun vor Gericht erscheinen, repräsentieren ein linkes Sektierertum, das gewiß noch im Lande insgeheim weiterlebt. Freilich bin ich – vermutlich auch mit gutem Grund – einem Repräsentanten dieser Doktrin nicht begegnet. Im Gegensatz aber zu den genießenden und profitierenden Direktoren damals in Frankreich, den Barras und Tallien, handelt es sich bei den wichtigen Repräsentanten der Volksrepublik China nach Ende der Kulturrevolution um nüchterne Sozialisten, die streng darüber wachen, daß keine neue herrschende Klasse aus Bürokraten und Funktionären entsteht. Die privilegierten Gästehäuser für Spitzenfunktionäre gehörten – absurderweise – zur Praxis der Kulturrevolution. Das wird heute nicht mehr fortgesetzt.

Wahrscheinlich ist die wenig homogene Verbindung der beiden Prozesse gegen die Vier *und* gegen den militärischen Anhang Lin Biaos auch dadurch erklärbar, daß man der Entwicklung hin zu einem neuen Directoire *und* zu einem neuen Bonaparte von Anfang an entgegenarbeitet (1980).

V. Freiheit, Gleichheit und die Würde des Menschen

Gedanken über die Menschenrechte

Alles Nachdenken über die Menschenrechte führt unweigerlich zurück nach Frankreich und ins ausgehende 18. Jahrhundert: zur großen bürgerlichen Revolution.

In der Nacht des 4. zum 5. Augsut 1789 wurden sie formuliert und von gewählten Abgeordneten des Dritten Standes beschlossen. Die Bürgerrechte und die Menschenrechte. Es war ein großer geschichtlicher Einschnitt: Endstadium eines zuerst langsamen, dann unaufhaltsamen Aufklärungsprozesses *und* Vorwegnahme alles künftigen bürgerlichen wie nachbürgerlichen Denkens.

Der Tiers-état hatte sich als einzig legitimer Vertreter aller Franzosen verstanden und konstituiert, nachdem die ersten beiden Stände der Aristokratie und des Klerus auf königliches Geheiß den gemeinsamen Tagungsraum aller drei Generalstände wieder geräumt hatten. Es kam zu Revolten, schließlich zum Aufstand des 14. Juli, der mit der Zerstörung der Bastille enden sollte. Viele Gefangene mußten dort nicht erst befreit werden, aber es war ein symbolischer Akt, die Zerstörung einer Zwingsburg. *Friedrich Schiller* hat in seinem letzten vollendeten Schauspiel, dem »Wilhelm Tell«, viel von der Quintessenz des französischen Umwälzungsprozesses im Bühnengeschehen festgehalten. Die Zerstörung der Bastille als Zerstörung der schweizerischen Burg Zwing Uri. Die Freiheit-Gleichheit-Proklamation in jener Nacht der Menschenrechte steht am Schluß des Schauspiels: »Und frei erkläre ich alle meine Knechte.« Das sagt der Adelsmann Ulrich von Rudenz, der sich zum Bürger macht.

Zum Gleichen unter Gleichen. Außerdem rechtfertigt Schiller in der Gestalt seines Wilhelm Tell – unter gewissen ernsten Umständen – auch den Tyrannenmord.

Alle heutigen Erörterungen über Menschenrechte und Bürgerrechte, Minderheitenrechte, Selbstbestimmung der Völker, kritisches Umgehen mit Privilegien, nicht zuletzt übrigens der heute sogar im Lande Wilhelm Tells fragwürdig gewordene Grundsatz einer Allgemeinen Wehrpflicht: dies alles muß als Folge der französischen Ereignisse zwischen 1789 und 1795 verstanden werden. Mehr noch: die geschichtlich unbestreitbare Tatsache, daß jene französische Revolution einmünden sollte in ein gleichzeitig legitimes *und* usurpatorisches Kaisertum, hat einerseits dazu geführt, daß deutsche Bestrebungen, die französischen geistigen Errungenschaften auch in Deutschland zu übernehmen, zum Befreiungskrieg zu führen hatten gegen die französische Besatzungsmacht, also die eigentlichen Urheber des Emanzipationsprozesses. So bietet das deutsche Wartburgfest vom 18. Oktober 1817 den widerspruchsvollen Anblick eines wirklichen Befreiungsfestes junger Menschen, bei welchem Bücher verbrannt wurden, wie das Bürgerliche Gesetzbuch Napoleons, das trotzdem auf dem linken Rheinufer bis zum 1. Januar 1900 gegolten hat, und die Schrift des Juden Dr. Saul Ascher gegen alle Deutschtümelei und für die Gleichberechtigung der Juden.

Inzwischen nämlich, nach dem Sturz Napoleons und der europäischen Restauration im Jahre 1815, war die *Dialektik der Aufklärung* zum ersten Mal weithin erkennbar geworden. Die Freiheit einer Nation, derjenigen nämlich, die sich als erste als »Nation« verstanden hatte, der französischen nämlich, war mißbraucht worden zur Unterdrückung von Freiheiten anderer Völker. Zwar hatte Jean-Jacques Rousseau, der eigentliche geistige Urheber der französischen Emanzipation, sein Denken über Freiheit dahin zugespitzt, daß er im Falle von Widerstand der einstmals Unfreien gefordert hatte: »Man muß sie zwingen, frei zu sein.« Alle der auf solche Weise, durch eine Besatzungsmacht etwa, zur Freiheit Gezwungenen empfanden diese Erziehungsdiktatur nun einmal als Diktatur, folglich als Unfreiheit.

Auch *Immanuel Kant* hatte, durchaus im Sinne des Rousseauismus, doch mit weit größerer Schärfe der Begriffe, den Vorgang der Aufklärung verstanden als ein Heraustreten der Gesellschaft aus einer »verschuldeten Unmündigkeit«. Liberté – Egalité – Fraternité. In den dreißiger Jahren unseres Jahrhunderts waren diese drei Grundbegriffe des Menschenrechts auf allen Gebäuden der französischen Staatsmacht zu lesen. In der staatstheoretischen Erörterung jedoch bereits im frühen 19. Jahrhundert hatte man rasch den allzu gefühlvollen Begriff der Fraternité, also der Brüderlichkeit, ersetzt durch den Begriff der Justice. Liberté – Egalité – Justice, womit erneut die Dalektik der Aufklärung beschworen wurde. Der französische Begriff der Justice war in verhängnisvoller Weise zweideutig. Einmal konnte man ihn als Gerechtigkeit ins Deutsche übersetzen, ein andermal als Rechtswesen, also als Justiz. In den Vorstellungen von Gerechtigkeit war immer noch die Herzenswärme menschlicher Gleichheit und Brüderlichkeit spürbar. Verstanden als bloßes Walten von Justiz, bekam der Begriff einen strengen und formelhaften Nebensinn. Dann werden die Vorstellungen von gesellschaftlicher Gleichheit und formelhafter Rechtsgleichheit zu Gegenbegriffen.

Der große französische Schriftsteller *Anatole France*, ein Mitkämpfer Zolas in der Dreyfusaffäre, entschiedener Aufklärer, der erst spät, im hohen Alter, mit dem Nobelpreis ausgezeichnet wurde, hat diesen Antagonismus unübertrefflich ausgedrückt: »Die majestätische Gleichheit des Gesetzes verbietet es den Armen wie den Reichen, unter Brücken zu schlafen und Brot zu stehlen.« Das macht: in den nach wie vor bürgerlichen Revolten des 19. Jahrhunderts, vor allem in der europäischen Revolte von 1848/49, war deutlich geworden, daß es im Ursprungsland Frankreich zweierlei Bedeutungen gebe, die gemeint sein konnten, wenn man sie in Deutschland übersetzte mit den Worten Bürger und bürgerlich. Georg Lukács hat den Unterschied verstanden als Gegensatz zwischen dem *Citoyen* und dem *Bourgeois*. Die aufständischen Citoyens der Revolution haben sich als Gleiche und als Brüder empfunden. Der Bourgeois verstand sich nicht nur als Gegner der einstigen Adelsgesellschaft und Klerisei, sondern auch als Bürger von Bildung und Besitz. Wodurch er sich nach unten hin gesellschaftlich nicht minder scharf abgrenzte. Zu Beginn des 20. Jahrhunderts hat der Dramatiker *Carl Sternheim* in seinem Schauspiel »Bürger Schippel«, das eben diesem Thema gewidmet ist, eine Kunstfigur der Bourgeois, nämlich den Goldschmied Hicketier, sagen lassen: er wünsche seine Welt scharf abgegrenzt nach oben wie nach unten. So haben es die Hicketiers bis heute gehalten. Um es mit einer merkwürdigen deutschen Sprachformel zu sagen, über die sich bereits Karl Kraus gefreut hatte: Auf Gedeih und Verderb.

Wer heute über die Menschenrechte spricht, muß sich dieser so vielfältigen und schwierigen Dialektik der Aufklärung bewußt sein. Tut er das nicht, so entsteht entweder monotones Intonieren rhetorischer Formeln. *Oder es wird die große Erbschaft der europäischen Aufklärung mißverstanden als Rechtfertigung des heutigen Kapitalis-*

mus. Da wird der Freiheitsbegriff von 1789 in der Tat entsprechend der Formel von Anatole France gleichgesetzt mit der Gesellschaft des grenzenlos freien Wettbewerbes. Dann wird der Rechtsstaat, der die Gleichheit vor dem Gesetz zu sichern hat, gleichzeitig zur Demonstrierung der Riesenspanne zwischen Reichtum und Armut, Macht und Ohnmacht, Protzerei und Erniedrigung.

Bereits in den Anfängen der bürgerlichen Aufklärung wurde dieser Zwiespalt erkannt und ausgesprochen. Es gehört zur Größe *Friedrich Schillers*, daß er, als ein Kind kleiner Leute und als ein wahrhaft freiheitliebender Mensch, mit aller Schärfe gegen den Mißbrauch der Revolutionsformeln im Sinne von Schönrednerei aufgetreten ist. Das 19. Jahrhundert in Deutschland hat Schiller, im Prozeß einer bürgerlichen Wohlstandsentwicklung und im Aufblick zu den vielen Standbildern nach dem Modell, das Thorvaldsen für Stuttgart geliefert hatte, als weltfremden Träumer und großherzigen »Idealisten« mißverstanden. Der wirkliche Schiller war ungemein praktisch und welterfahren. Er hat auch niemals die Erfahrungen der Französischen Revolution verleugnet. Man wußte zwar, und lernte es auch in der Schule, daß Schiller als Dichter der »Räuber« von der Nationalversammlung zum französischen Ehrenbürger ernannt worden war. Übrigens gemeinsam mit Klopstock. Aber Schiller habe die Urkunde, so lernten wir es damals, verächtlich beiseite gelegt.

Davon konnte die Rede nicht sein. Man hat in Weimar eine Urkunde entdecken können, worin sich der Hofrat Friedrich Schiller in Weimar über die Art geäußert hatte, wie er ins Einwohnerverzeichnis aufgenommen werden wollte. Er zeichnete als »*Friedrich von Schiller, Bürger von Frankreich*« für den jährlich erscheinenden Adreßkalender, wenn auch so zum ersten und einzigen Male 1803. Natürlich gab es Geschrei.

Allein jene Berufung Schillers auf den »Citoyen français« erklärt zugleich die Haltung eines polemischen Distichons, das man in Schillers Gedichten entdecken kann. Hier wird, vielleicht zum erstenmal in der deutschen Literaturgeschichte, der dialektische Konflikt benannt, der sich bis heute in allen Gesprächen über Menschenwürde und Menschenrechte wiederfinden läßt. Friedrich Schiller formuliert hart und zornig:

»Nichts mehr davon, ich bitt euch. Zu essen gebt ihm, zu wohnen,
Habt ihr die Blöße bedeckt, gibt sich die Würde von selbst.«

Am 3. Juli des Jahres 1994 kam der chinesische Ministerpräsident Li Peng zu Besuch in die Bundesrepublik Deutschland. Wichtig waren ihm wohl eher die Gespräche mit den deutschen Industriellen und Bankiers als die protokollarischen Visiten bei den Repräsentanten des Bundes und der Länder. Zwei sehr persönliche Wünsche hatte der Gast aus Peking übermitteln lassen. Er wollte die Stadt der Weimarer Klassik und der Weimarer Republik besuchen, und er wollte die Schönheiten der oberbayerischen Natur bewundern.

Der vorgesehene Besuch am Tegernsee wurde dann kurzerhand auf Wunsch der Gäste abgesagt. Die Reiseerfahrungen in Weimar hatten genügt. Man hat das alles auf dem Bildschirm mit ansehen können. Schlimme deutsche Provinz, Stammtischparolen und kein bißchen Erinnerung an die eigene deutsche Vergangenheit.

Gewiß, man lebte in einem Jahr der Bundes- und Landeswahlen. Folglich hatte es sich die sozialdemokratische Fraktion im Thüringer Landtag, durch die Wähler verurteilt zur Opposition, als Wahlhilfe ausgedacht, deutschen Männerstolz zu bekunden vor den Gästen aus dem fernen östlichen Reich. Man bekannte sich in Transparenten vor der chinesischen Delegation zur Menschenwürde und zu den Menschenrechten. Eine ganze Landtagsfraktion war angereist aus Erfurt, man denke. Keinerlei Erinnerung hatte sich ihnen aufgedrängt an die Gedankenverbindung von Weimar und Buchenwald. Man hatte es doch immer in Deutschland mit der Humanität gehalten. Oder etwa nicht?

Genau so schien es sich der Vertreter des klassischen Weimar ausgedacht zu haben, als er die Gäste zu begrüßen hatte. Auch er hatte mehr an den eigenen Auftritt gedacht als an die geschichtlichen Zusammenhänge. Da stand einer, weder ein Weimaraner noch Goetheaner, ein Mann aus dem Westen der Bundesrepublik, der nunmehr zuständig war für den Fachbereich Klassisches Weimar. Eine Hand graziös in der Hosentasche, die andere hielt den Zettel mit den Stichworten. Den Gästen aus Peking wurde klargemacht, mit beziehungsvollem Blick, dieses Haus am Frauenplan sei stets eine Stätte der Humanität gewesen. Aus den Obertönen war so etwas wie »Merkt euch das!« zu vernehmen.

Abermals sehr provinziell und sehr falsch. Das Goethehaus am Frauenplan als eine Stätte oder gar ein Hort der Humanität? Welch ein Irrtum. Goethe selbst hatte es, wie zahllose Äußerungen belegen, ganz anders gesehen. Er war tief vereinsamt zuletzt. Thomas Mann hat mit Recht in seinen Studien über Goethe immer wieder auf den Ausspruch des Herrn Geheimrats hingewiesen: »Die lassen mich alle grüßen, und hassen mich bis auf Tod.« Der Weimarer Klatsch um Christiane Vulpius, den unebenbürtigen »Betthasen«, wie Goethes Mutter zu sagen pflegte. Der Sohn August als verzweifelter Trunkenbold und Stadtgespräch. Die Ehe mit der adligen Ottilie wird nicht minder bösartig kommentiert an Weimars Kaffeetafeln. August starb in Rom und liegt dort begraben. Der Vater hat ihn überlebt. Die Witwe Ottilie lieferte dann, durch ihre englischen Freunde, neues und reiches Material für die Weimarer Adligen-Nachmittage. Für Goethes Enkel, die als kraftlose und mutlose Erben irgendwo oben im Haus die klassische Humanität zu verkörpern hatten, gilt der Satz, den Georg Büchner an den Schluß seiner Erzählung über den Dichter Lenz gestellt hat, den Jugendfreund Goethes: »So lebte er hin.« So lebten sie hin, Walter und Wolfgang von Goethe in jenem Haus am Frauenplan, einer Stätte der Humanität.

Der Ministerpräsident Li Peng antwortete kurz auf die Rede des Goetheanischen Sachwalters. Er bedürfe keiner Belehrung, ließ er durch den Dolmetscher mitteilen. Er kenne Goethe.

Auch die chinesischen Studenten aus dem Leipziger Hörsaal 40 hatten immer wieder während ihres Studiums die Nähe Goethes und Schillers gesucht. Wie bereits gesagt, ihre selbstgewählten Prüfungsarbeiten handelten von den großen Traditionen klassisch-romantischer und nachklassischer wie nachromantischer Literatur. Goethe und Schiller, Gottfried Keller und Hermann Hesse und Thomas Mann.

Die jüngeren Germanisten, die auf unserer Reise im September 1994 mit uns umherfuhren, die gleichzeitig belehrten und lernten, hatten bei den Ehemaligen vom Hörsaal 40 und auch bereits bei ihren Schülern gelernt, ehe sie dann beim Goethe-Institut zu München ausgebildet wurden zu vorzüglichen Kennern der deutschen Angelegenheiten.

Sie alle hatten auch gelernt, daß die klassische deutsche Humanität untrennbar verbunden war mit der Größe wie mit den Widersprüchen der bürgerlichen französischen Revolution von 1789. Auch die Chinesische Volksrepublik verstand sich als eine Tat zu den Gedanken der bürgerlichen Aufklärung in Europa. Allein sie hatte auch aus jenen historischen Widersprüchen zu lernen versucht. Ihre Politik der Menschenrechte in einem Weltreich bekannte sich zum Vorrang der Gleichheit vor allem Absolutismus der Freiheit. Durchaus in der Nachfolge jenes Distichons von Friedrich Schiller über die Würde des Menschen, das in China bekannt war und auch zitiert wurde. Ganz im Sinne des Aufklärers Anatole France.

VI. Die Einladung

Die Vorgänge bei Li Pengs Deutschlandbesuch im Jahre 1994 muß man natürlich als deutsche Reaktion auf chinesische Vorgänge im Jahre 1989 verstehen. Sonderbar, die sogenannte Kulturrevolution hatte sich gleichzeitig vollzogen mit den Studentenrevolten in Frankreich, Deutschland und in den Vereinigten Staaten. Jugendbewegungen, gewalttätige Aktionen des Aufruhrs, merkwürdige Bekundungen einer Kulturfeindschaft in Europa wie im Fernen Osten. Das Rote Büchlein aus Peking war allgegenwärtig gewesen in den großen Hörsälen von Paris, Berlin, Frankfurt, Mailand, Amsterdam und New York.

Auch die Erinnerung an die blutige Niederschlagung einer Studentenrevolte auf dem Platz des Himmlischen Friedens in Peking im Jahre 1989 muß zeitgleich verstanden werden mit europäischen Vorgängen in der Sowjetunion, in den Satellitenstaaten des Stalinismus, darunter auch und vor allem in der Deutschen Demokratischen Republik.

Was sich wirklich in China abgespielt hat im Machtbereich der Nachfolger von Mao Tse-tung ist heute kaum einigermaßen glaubhaft zu rekonstruieren. Die Erfahrungen unserer Chinareisen 1980 und 1994 kontrastieren in verwirrender Weise mit fast allen Berichterstattungen der westlichen Korrespondenten und Kommentatoren. Viele Einzelheiten der Berichte, die man als zutreffend betrachten muß, kontrastieren mit anderen, die ebenso richtig gewesen sein mögen. Es hat offenbar in der chinesischen Parteiführung Auseinandersetzungen gegeben. Berichtet wurde im Westen von einem führenden Parteisekretär, der auf seiten der rebellischen Studenten zu stehen schien. Er wurde abgelöst. Li Peng als Ministerpräsident besitzt, so scheint es, die Unterstützung des Parteiapparates. Zugleich verkörpert er die Partei und die Staatsmacht. Folglich mußte es, unabhängig von den Todesopfern, bei der Niederschlagung des Aufruhrs auch eine Partei der Unterlegenen gegeben haben. Handelt es sich diesmal bei den Geschlagenen um mehr als die Anführer einer »Viererbande«? Es ist für den Reisenden des Jahres 1994 nach wie vor nicht auszumachen.

Die chinesische Bewegung des Jahres 1989 war eingestandenermaßen eine »Contestation«, um den Ausdruck der französischen Studentenbewegung von 1968 zu zitieren. Sie wurde blutig niedergeschlagen, wie man weiß. Die Panzer fuhren auf den Platz des Himmlischen Friedens, unweit vom Eingangstor zur einstmals verbotenen Kaiserstadt. Unmittelbar auch vor dem Mausoleum des Großen Vorsitzenden Mao Tse-tung.

Auch hier stellt sich für den Betrachter das *Problem der Gleichzeitigkeit.* Die chinesischen Ereignisse sind synchron dem Auflösungsprozeß der DDR, die noch am 8. Oktober 1989, allen Warnungen des Besuchers Michail Gorbatschow spottend, ihre Kampfparade zur 40-Jahrfeier abgehalten hatte. In jenen Herbstmonaten des Jahres 1989 schien sich der Kalte Krieg der Westmächte und der Ostmächte dadurch zu erledigen, daß der östliche Partner zusehends zusammenbrach und ausfiel.

Hat es damals, von Westen her gesehen, eine *Parallelaktion* gegeben zu dem Zusammenbruch der DDR, die am 8. Oktober 1949 gegründet worden war, und den chinesischen Ereignissen? Es ist sinnlos, hier mit »Dolchstoßlegenden« arbeiten zu wollen. Das verbietet sich bereits durch den Hinweis auf jene Formel der nationalistischen deutschen Verlierer eines Ersten Weltkrieges, die sagen sollte, man habe den Krieg 1914 bis 1918 nicht verloren. Man sei vom Innern Deutschlands her verraten worden. Daß es in jeder Protestdemonstration, wo immer sie stattfindet, auch Provokateure gibt mit Sonderauftrag, also wohl auch bei der Jugenddemonstration auf dem Platz des Himmlischen Friedens, widerlegt nicht die Tatsache, daß hier in Peking eine große Volksdemonstration stattfand, die blutig niedergeschlagen wurde. Das Ergebnis aber unterschied sich von Grund auf von den osteuropäischen Ereignissen des November 1989.

Fest steht für den Chinareisenden des Jahres 1994, der fünf Jahre nach dem Zusammenbruch der DDR, der Sowjetunion und der stalinistischen Volksdemokratien einer Einladung nach Peking folgte, daß er während der zwei Wochen seines Besuches nirgendwo und niemals den Eindruck hatte, er werde nunmehr und plötzlich mit Besiegten des Jahres 1989 konfrontiert. Das mag an der Regie der chinesischen Gastgeber gelegen haben, vielleicht. Immerhin waren die beiden Reisenden, Professor Hans Mayer und Professor Werner Schubert, der Profession nach selbst akademische Lehrer. Sie haben in den Universitäten zu Peking, Sian und Shanghai referiert und diskutiert. Überall gab es Gespräche über die geschichtlichen Wurzeln der Chinesischen Volksrepublik, also über die französische Revolution, die Menschenrechte und die Bürgerrechte. Gerade von chinesischer Seite wurde dabei jenes Distichon von Friedrich Schiller zitiert: »Über die Würde des Menschen«. Man machte deutlich, daß die chinesische Kulturpolitik, durchaus im Sinne Friedrich Schillers, vom Gedanken der materiellen Fürsorge und dem Grundsatz der Gleichheit aller Lebenschancen auszugehen habe.

Dies ist um so wichtiger, als damit auch ein Hinweis verbunden ist auf ein anderes unabsehbares Prinzip des Aufklärungsdenkens von 1789: auf das Selbstbestimmungsrecht der Völker, gerade auch der Minderheiten. Der seit dem Krieg in Jugoslawien bekanntgewordene und abscheuliche Ausdruck »ethnische Säuberung« meint stets den Völkermord. Alle Nationalitätenprobleme in der Welt, die unermeßlich sind, führen zurück zu den Proklamationen menschlicher Gleichheit durch die europäischen Aufklärer des 18. Jahrhunderts. Keiner von allen, darauf hat gerade Heinrich Heine immer wieder hingewiesen, hat diese Gleichheit von Menschen aller Hautfarben, Herkunft und Stammeszugehörigkeit deutlicher verkündet und denkerisch begründet als *Immanuel Kant*. Nun ist aber die Volksrepublik China ein riesenhaftes Reich der Völkerschaften und der Minoritäten. Im Konfuziustempel zu Peking konnte ein schönes farbiges Wandtuch erworben werden. Es zeigt drei Frauen beim einträchtigen und gemeinsamen Genuß eines Reisgetränkes. Man erläuterte uns, daß es sich beim verschiedenartigen Kopfputz der drei Frauen um Angehörige grundverschiedener Völkergruppen handele. Plötzlich wurde ersichtlich, daß Maximen des Konfuzianismus nach wie vor Geltung haben in jener »neuen Politik«, die es lernen mußte, mit allen Erinnerungen im Volke innerlich und menschenwürdig fertig zu werden, an die Zerstörung der Volksrevolutionäre und an die tödlichen Panzer inmitten der Riesenstadt Peking.

Im Frühjahr des Jahres 1992 hatte das angesehene Ostasiatische Institut der Universität Tübingen ein Jubiläum zu feiern. Die Achtung, welche man im Fernen Osten seiner Arbeit zollt, wurde daran erkennbar, daß sowohl der japanische wie der chinesische Botschafter in der Bundesrepublik Deutschland zur Feier an den Neckar gekommen waren.

Der chinesische Botschafter in der Bundesrepublik, Mei Zhaorong, gehörte zu jenen ersten chinesischen Studenten in Leipzig vom Jahre 1954. Er hatte seinen damaligen Lehrer nicht vergessen; er war auch unterrichtet über die erste Chinareise vom Jahre 1980. Nun benutzte er den Besuch bei der Universität Tübingen, um auch ihm einen Besuch zu machen.

Auf der Terrasse über dem Neckar, unweit aller Erinnerungsstätten an Hölderlin und Hegel, kam das Gespräch auf die Sorgen und Hoffnungen der Volksrepublik nach den beiden Katastrophen mit Bewegungen eines ultralinken Sektierertums und einer, im Sinne der kommunistischen Terminologie, militanten Bewegung des Reformismus. Mei Zhaorong war tief erschüttert über die Vorgänge in Jugoslawien. Man spürte: hier durfte nichts Ähnliches im Fernen Osten vonstatten gehen.

Während des Gesprächs spürte ich plötzlich, daß der Besucher nicht bloß an eine Höflichkeitsvisite gedacht hatte. Er wollte in Augenschein nehmen, ob die Einladung zu einer zweiten Chinareise für den Eingeladenen denkbar sein könnte. Dann kam die Frage, ob eine solche Einladung angenommen würde. Ich hatte im März 1992 meinen 85. Geburtstag feiern dürfen.

Bald darauf übermittelte mir die Botschaft eine offizielle Einladung durch das Staatliche Erziehungskomitee (SEK) der chinesischen Volksrepublik. Mir wurde freigestellt, einen Begleiter oder eine Begleiterin mit mir reisen zu lassen.

Hier gab es für mich keine Qual der Wahl. Als Oberassistent des Leipziger Instituts für deutsche Literaturgeschichte hatte der damalige Dr. Werner Schubert mit seinen Mitassistenten die eigentliche Ausbildung der chinesischen Gäste in allen theoretischen und praktischen Bereichen sogenannter »Deutschlandkunde« organisiert. Das hatten ihm die chinesischen Schüler nicht vergessen. Werner Schubert war weltgewandt und sprachgewandt. Er hatte germanistische Institute in Bagdad und Kairo geleitet, in guter Zusammenarbeit mit westdeutschen Lektoren. Er war nach wie vor ein vertrauter Freund des Professors Yan Baoyu und war bei ihm bereits in China zu Besuch gewesen. Übrigens kam es als glückliche Fügung hinzu, daß Professor Yan selbst in den achtziger Jahren als Gastprofessor der Universität Bayreuth zurückgekommen war nach Deutschland. Er hatte in Bayreuth die Professur übernommen für chinesisch-deutsche Kultur- und Literaturbeziehungen. Man dachte in der fränkischen Festspielstadt mit großer Herzlichkeit zurück an Yan Baoyu und seine Frau. Kurz vor Antritt unserer Reise im September 1994 war ich zu Gast gewesen bei den Bayreuther Festspielen. Mir wurden viele Grüße aufgetragen an Yan im fernen Peking.

Es schien festzustehen, daß wir Anfang September 1993 die Reise antreten können. Ein Unfall während meiner Sommerferien im Engadin machte den Plan zunichte. Der Sturz beim Aussteigen aus dem Omnibus vor dem Bahnhof von St. Moritz hätte viel schlimmer kommen können, doch die Wunden im Gesicht mußten ausheilen. An eine große Reise war vorerst nicht zu denken.

Allein die chinesische Seite war hartnäckig. Sie fragte im Laufe des Frühjahrs 1994, ob ein neuer Reisetermin geplant werden könne. Da von seiten der Ärzte keine Bedenken geltend gemacht wurden, verabredeten Werner Schubert und ich einen Besuch beim Botschafter in Bonn. Nach wenigen Begrüßungsworten zwischen dem einstigen Studenten aus dem Hörsaal 40 und seinen einstigen Präzeptoren war es klar, daß wir nach China reisen würden.

Als wir dort ankamen und offiziell immer wieder begrüßt wurden, machte man allenthalben in der Begrüßungsrede die Bemerkung: es sei gut, daß man uns nun zu Gast habe. Man habe mit dem Besuch bereits im letzten Jahr gerechnet. Auch dies war nicht vergessen worden.

VII. Das Wiedersehen

Beim Chinaflug des Jahres 1980 führte der Luftweg zunächst nach Südosten. Nächtliche Zwischenlandung in Karatchi. Vor dem Abflug in Frankfurt, als alle Passagiere der überfüllten Maschine nach Peking schon Platz genommen hatten, kamen zwei unauffällige Männer, die einen noch jungen Inder begleiteten. Er hatte sich neben mir auf den noch freien Platz gesetzt. Eine Ausweisung offensichtlich, denn die Unauffälligen zogen sogleich wieder ab, worauf der Abflug beginnen konnte. Ein bißchen Gepäck des Nachbarn wurde verstaut, einen Mantel hatte er offenbar nicht. Man flog der Nacht entgegen. Beim Abendessen kamen wir ein bißchen ins Gespräch. Er konnte ganz gut Englisch, auch ein bißchen Deutsch. Von den Umständen seiner Abschiebung sprach er nicht. Ich fragte auch nicht danach. Er war freundlich und höflich. Als man die Zwischenlandung in Pakistan ankündigte, wurde er plötzlich unruhig, begann zu sprechen. Er sollte zurück in die Heimat nach Lahore. Offenbar fürchtete er das Wiedersehen mit der Familie. In Karatchi hatte man ihn erwartet, war aber nicht unhöflich, ganz gleichmütig. Wir haben uns voneinander verabschiedet.

Bald nach dem Aufstieg dann Bilder eines unvergeßlichen Morgens. Die Reisfelder von Vietnam, später die großen chinesischen Ströme: der Gelbe Fluß Huanghe und der Jangtse. Gern hätte ich bei der zweiten Chinareise im September 1994 den Huanghe auch vom Boden her betrachten mögen. Als wir in der Stadt Sian waren, hätte man daran denken können, an den Huanghe zu fahren, allein es war doch zu weit für einen kurzen Ausflug. Die anderen Termine waren festgelegt. So kam es nur zu einem Wiedersehen mit dem Jangtse in Shanghai.

Am 6. September 1994 ging es mit der Lufthansa unmittelbar nach Osten. Seit dem Jahre 1980 hatte sich viel verändert in den Beziehungen zwischen dem Westen und dem Osten. Zum Guten? Diesmal war es sehr viel kürzer und günstiger, über die Riesenfläche der Sowjetunion zu fliegen. Es gab keine Zwischenlandung zwischen Frankfurt und Peking. Acht Stunden und zwanzig Minuten. So war es im Flugplan vorgesehen, so geschah es auch. Wir machten die Umdrehung der Erde mit, und alles wurde kürzer. Beim Rückflug ging es gegen die Erdumdrehung, was einen Unterschied von eineinhalb Stunden ausmachte. Neun Stunden und fünfzig Minuten. Abermals wurde der Flugplan bestätigt. Beim Hinflug ging es wiederum hinein in die Nacht, ein bißchen schlafen, dann wurden die Lichter wieder angemacht und es gab Frühstück. In der Morgensonne kamen wir in Peking an. Ich hatte noch den alten Flughafen des Jahres 1980 in Erinnerung. Da hat es noch nicht allzuviel Luftverkehr gegeben. Die Delegation der einladenden Akademie der Gesellschaftswissenschaften war sogleich erkennbar gewesen für den Ankömmling, denn es gab nicht allzuviel Gewimmel.

Diesmal landete man auf einem großen modernen Flughafen, der genau so gut auch Fiumicino (Rom) hätte heißen können. Sehr hell, sehr übersichtlich. Die Abfertigung der Ankömmlinge war routinemäßig. Man hatte uns im Flugzeug zwei Blätter ausgehändigt. Sie waren auszufüllen. Eines für die Ankunft, das andere für den Rückflug. Am Schalter schaute man sich das chinesische Visum an im Paß und legte das ausgefüllte Ankunftsblatt auf den Haufen zu den anderen Blättern. Diesmal gab es eine große Halle für die Gepäckabfertigung. Viel Gewimmel und Unruhe, denn das Flugzeug der Lufthansa war bis auf den letzten Platz ausgebucht. Ich wartete auf einem Stuhl, bis mein Reisegefährte Professor Werner

Schubert vorgedrungen war zum Fließband mit dem eingetroffenen Gepäck. Er hatte auch einen kleinen Wagen aufgetrieben, ohne dafür bezahlen zu müssen. In welcher Währung außerdem? Dann war alles auf dem Wagen verladen, keine Gepäckkontrolle, draußen viel Gedränge, doch die vier Personen der diesmaligen Delegation hatten uns bald entdeckt. Eine junge Frau, zwei junge Männer, ungewöhnlich hochgewachsen für unsere rückständigen Vorstellungen von den »kleinen Chinesen«, und das vertraute und freudige Gesicht von Yan Baoyu.

Wir waren eingeladen worden, wie berichtet, vom Staatlichen Erziehungskomitee (SEK) der Volksrepublik China. Die drei Jungen waren beauftragt worden, uns zu begrüßen. Draußen wartete ein dunkler Mercedes auf uns. Begrüßung mit dem Fahrer, der während des ganzen Aufenthalts in Peking mit uns umherfuhr. Es muß ihm gefallen haben, mit uns nicht nur zu fahren, sondern auch zu speisen und mit Hilfe der jeweiligen Dolmetscher zu reden, denn nach unserer Rückkehr aus Shanghai war er wieder da mit seinem Wagen, den Werner Schubert sogleich als »Staatskarosse« bezeichnet hatte. Wir erfuhren, daß sich der Fahrer, der durch den Einsatzplan gar nicht dazu genötigt gewesen wäre, von sich aus angeboten hatte, mit uns auch bis zu unserem Rückflug zusammen zu sein. Er hat uns dann schließlich auch wieder zum Flughafen gefahren, an jenem letzten Sonntagmorgen im sonnigen Peking.

Übrigens gab es, da von dem Fahrer die Rede ist, eine denkwürdige Erfahrung. Es herrscht die westliche Vorstellung vom allgemein fälligen »Trinkgeld«. Wir alle haben diesen Ausdruck gebraucht, ohne besonders an den Infamiecharakter des Wortes zu denken. Es war eine infame Semantik. Der Ausdruck stammte aus den hochmütigen Adels- und Großbürgerzeiten, als man es für selbstverständlich hielt, daß kleinere Geldbeträge von den kleinen Untergebenen sogleich alkoholisiert würden. Der junge Professor Song aus Sichuan aus der Begrüßungsdelegation, ein Germanist mit glänzenden Sprachkenntnissen, die er sich beim Münchener Goethe-Institut erworben hat, sprach das Wort »Trinkgeld« mit solcher Verachtung aus, daß ich plötzlich begriff, wie demütigend eine solche Formulierung für alle Empfänger sein müßte.

Vor meiner ersten Reise in die Sowjetunion, im Herbst 1956, als man mich als Gastprofessor der deutschen Literatur nach Moskau berufen hatte an die Lomonossow-Universität, wurde mir, tiefbesorgt, eingeschärft: »Es gibt in der Sowjetunion keine Trinkgelder! Die werden als Beleidigung empfunden!«

Sie wurden nicht als Beleidigung empfunden. Beleidigt war man vielmehr beim Ausbleiben der erwarteten Gabe. Bei meinen drei Reisen in die Sowjetunion, die mich immerhin als Flugreise wie als Nachtfahrt mit der Eisenbahn bis nach Georgien geführt hatten, und bis nach Odessa, ist mir auch nicht einmal das Angebot des orientalischen »Bakschisch« abgelehnt worden.

Hier in China war es anders. Was uns die Dolmetscher und Berater verkündet hatten, nämlich das Nichtvorhandensein einer Geldverpflichtung für irgendwelche geleisteten Dienste, außer wenn es sich um bezahlbare Leistungen handelt: das traf jetzt zu.

Wenn man in den Hotels seine Wäsche reinigen ließ, die man am Abend im Paket zurückerhielt, mußte man die beigelegte Rechnung in chinesischer Währung sogleich an das Zimmermädchen oder den »Zimmerjungen« entrichten. Wollte man den Geldbetrag irgendwie »abrunden«, so gab es Kopfschütteln. Der Mehrbetrag wurde sogleich zurückgegeben.

Auch dem freundlichen Fahrer der Staatskarosse hätte

man damit nicht kommen dürfen. Wir verhandelten mit Professor Song. Er fand einen Ausweg, denn wir waren sehr dankbar für die Art, wie er uns mit seinem Wagen durch die Pekinger Stadtviertel lenkte. Der Fahrer hat einen kleinen Sohn, außerdem raucht er gerne. Da hätte es Möglichkeiten gegeben, sich zu bedanken. Doch es geschah ohne uns selbst. Der chinesische Vermittler, dem wir das Geld gegeben hatten, war tätig geworden.

Am nächsten Vormittag erwies es sich, wir waren in einem der großen staatlichen Hotels von Peking, in den »Nationalitäten«, untergebracht worden, wo es einen allgemeinen Speisesaal gab, natürlich mit chinesischer Küche und Stäbchen, für die Ausländer gab es auch die europäischen Eßwerkzeuge; und einen kleineren Speisesaal für Ausländer, die offenbar keinen Zugang hatten zu den Wundern der chinesischen Küche.

Wir haben es überall, auch in Sian und Shanghai, so gehalten, daß wir die Hauptmahlzeiten zusammen mit den Chinesen einnahmen. Nur morgens beim Frühstück hielten wir uns an die Ausländer. In deren Speisesaal gab es den – übrigens guten – Morgenkaffee.

Das Programm des ersten Tages begann mit dem offiziellen Besuch beim Gastgeber, der stellvertretende Generaldirektor der Abteilung für Auswärtige Angelegenheiten im staatlichen Erziehungskomitee (SEK) Wang Zhongda empfing uns freundlich, doch mit allem protokollarischen Zeremoniell. Ein junger Dolmetscher übersetzte fließend zwischen der chinesischen Rede und der deutschen Antwortrede. Immer wieder waren sie während dieser Reise zu bestaunen, die schnell redenden und offenbar genau übersetzenden Sprachvermittler. Wir entdeckten, was uns auch bestätigt wurde, daß es eine besondere Dolmetscher-Stenographie gab für chinesische Zeichen, die vermutlich einen ganzen herkömmlichen Satz allgemeiner Information zusammenfaßten. Ich könnte mir denken, daß für Sätze wie: »Es ist mir eine große Freude, daß ...« einfach ein einziges chinesisches Bildchen einzustehen hat.

Der stellvertretende Generaldirektor bat um Entschuldigung dafür, daß er die zuständige Ministerin vertreten müsse. Sie weile im Ausland. Er selbst freute sich über unseren Besuch und lud uns ein, unsere Wünsche zu äußern nach allem, was wir als Gäste der Volksrepublik gern sehen möchten. Es war dies eine Formsache, denn Werner Schubert und ich hatten bereits beim Besuch in Bonn mitteilen lassen, daß wir nach Sian reisen möchten, um die Ausgrabungen der unterirdischen Armee zu besichtigen. Außerdem hatte ich um ein Wiedersehen mit Shanghai gebeten. All dies war vorbereitet worden.

Wang bat ausdrücklich, man möge durchaus nach den Erfahrungen im Lande auch kritische Einwände vorbringen. Meine gleichfalls protokollarisch-zeremonielle Antwort muß den Gastgeber vielleicht etwas verwundert haben. Seine Begrüßung war offensichtlich bestimmt für westliche Besucher, die sich kaum wirklich geneigt fühlten, die innere Struktur einer Volksrepublik kennenzulernen. Ich hingegen unterstrich, daß Werner Schubert und ich uns gern auch ein Bild machen möchten, als Bürger der Bundesrepublik Deutschland, vom Zusammenwirken einer Marktwirtschaft mit den Grundprinzipien einer sozialistischen Gesellschaft.

Es war im gewissen Sinne zwischen der chinesischen Rede und der deutschen Antwort so etwas wie ein *Rollentausch* vollzogen worden. Auch Werner Schubert, der dann sprach, hatte sich in ähnlicher Weise wie ich geäußert. Plötzlich entstand ein ganz anderes Gespräch mit den chinesischen Gastgebern. Wir wurden zum Mittagessen eingeladen, und ich möchte annehmen, daß dieses sehr herzliche Beisammensein vom Gastgeber durchaus nicht von Anfang an vorgesehen war.

Später habe ich mit Wang in der Universität Peking plötzlich französisch gesprochen. Er war jahrelang der chinesische Vertreter bei der UNESCO, der Erziehungs- und Kulturorganisation der Vereinten Nationen.

Nachmittag und Abend aber dieses ersten Besuchstages werden mir unvergeßlich bleiben. Da gab es das *Wiedersehen zwischen 1954 und 1994*. Die ehemaligen Schüler aus dem Hörsaal 40 der Universität Leipzig gaben sich die Ehre, ihren ehemaligen Professor und ihren ehemaligen Oberassistenten zu Tisch zu bitten. Stolz verkündete man mir, es sei gelungen, alle in China tätigen ehemaligen Leipziger Studenten herbeizubitten. Es war gut zu erfahren, daß Todesfälle nicht zu beklagen waren. Auch beim Besuch im Jahre 1980 war ein ähnliches Wiedersehen geplant und vorbereitet worden. Doch es fand in einem Pressezentrum der Journalisten statt. Man sah sie wieder, die vertrauten Studentengesichter, doch es handelte sich mehr um ein etwas mühevolles Gespräch über Lebensläufe. Ich hatte mir damals gewünscht, von unseren ehemaligen Studenten persönliche Berichte über ihren Lebensverlauf nach der Rückkehr aus Deutschland zu erfahren. Auf meine Fragen hin gab es ein paar Antworten, doch es waren Allgemeinheiten zu hören, man wich aus, schien meinem Plan nicht folgen zu wollen. Es war kein guter Plan gewesen, wie ich heute weiß. Ich hatte an Wunden und traumatische Vorgänge gerührt, ohne es zu ahnen. Denn ich hatte nach Lebensläufen während einer »Kulturrevolution« gefragt. Wie hätte man denn auch darauf, noch dazu in größerem Kreise, antworten können. Erst im Laufe meiner damaligen Reise in den Süden, nach Nanking und Hangzhou, erfuhr ich, was das im Lande, vor allem in den kleineren Orten, an Grausamkeit und Zerstörung bedeutet hatte.

Diesmal gab es eine andere Art der Wiedersehensfeier. Die Leipziger Studenten von 1954, und auch ihre späteren Nachfolger, und auch die jüngeren chinesischen Deutschlandkenner, die bei den Leipzigern von 1954 in die Schule gegangen waren, bildeten eine Institution in Peking, wie ich feststellen durfte. Ihnen stand ein schönes Klubhaus zur Verfügung. Dort wurden wir empfangen, beschenkt, zu Tisch gebeten.

Die Staatskarosse war vorgefahren. Vor den Treppenstufen standen sie alle und erwarteten uns. Als wir herauskletterten, Schubert und ich, gab es ein großes Geschrei. Man hat schöne Aufnahmen gemacht, die ich dann später mit Dankbarkeit betrachten durfte. *Dies war wirklich Freude.* Vielerlei kam zusammen. Natürlich auch die Möglichkeit, uns als gesunde Besucher wiederzusehen. Der einfache »élan vital«, wie der Philosoph Henry Bergson es genannt hat. Also einfach die Freude darüber, daß wir alle noch da waren.

Wir haben ausgiebig getafelt, es wurden nur ein paar kleine herzliche Reden gehalten. Man sprach viel miteinander. Jetzt war es auch möglich geworden, im Gegensatz zu der mißglückten Rückschau im Jahre 1980, offen zu sprechen über das Erlebte *und* über die Art des Erlebens. Neben mir, gleichsam als meine Tischdame, saß *Huan Guoying*. Sie war wohl die Ranghöchste unter den ehemaligen Leipziger Studenten. Sie stammte offenbar aus einer Familie, die mit Mao Tse-tung gemeinsam an der Gründung der Volksrepublik beteiligt gewesen war. Nun war sie Ministerin und eine der wichtigsten Berater des Staates in allen Fragen der Kultur. Während des Tischgesprächs ergab sich plötzlich ein kurzer Bericht über ihre Deportation aufs Land und zur Zwangsarbeit, die ihr auferlegt worden war: auf Geheiß jener Vier.

Gab es vielleicht unter ihnen allen, es waren wohl mehr als zwanzig, tiefe Entfremdungen oder heimliche Feindschaften, was durchaus möglich gewesen wäre? Ich hatte nicht den Eindruck, daß es da irgendwelche Fronten gab, persönlich oder politisch. Natürlich kennen wir uns nicht aus in den Nuancen der fernöstlichen Lebensformen. Manchmal vermag unser Instinkt auszuhelfen, wenn unsere Erfahrung versagt.

Ich meine jedoch, daß da eine gemeinsame Freude war, die Gäste und Gastgeber vereinigte. Eine Gemeinsamkeit der »Sympathiegefühle«, wie es der Philosoph Max Scheler, der noch mein Lehrer gewesen war an der Kölner Universität in jenen zwanziger Jahren, zu bezeichnen pflegte. Es gibt in der Tat eine Hierarchie der Sympathiegefühle. Friedrich Schiller hat sie unübertrefflich in seiner »Ode an die Freude« von den Extremen her zusammengefaßt:

Wollust ward dem Wurm gegeben,
und der Cherub steht vor Gott.

Von der tierischen Sinnlichkeit bis zum amor dei, wie es Spinoza formulierte. Extreme Arten der Freude. Beethoven hat sie, wie Schiller, als Urgefühl von Menschlichkeit empfunden. Etwas davon hat uns an jenem Abend in Peking vereint: Beim Wiedersehen.

VIII. In den Gärten der Universität Peking

Eine weite Parklandschaft mit vielen ungewöhnlichen Bäumen. Die Staatskarosse fährt hindurch, immer wieder vorbei an hellen, niedrig gehaltenen Gebäuden, die sich gleichsam in soviel grüner Umwelt verstecken. Man entdeckt sie erst beim Näherkommen. Dies alles ist die Universität Peking. Auch hier die Grundidee des amerikanischen Campus, doch ohne dominierende Zentralbauten. Eine Universität, die ihren Herrschaftscharakter zu verbergen scheint.

Der Wagen hält, wie es den Anschein hatte, vor dichtem Bambusgestrüpp. Wir werden von unseren Begleitern gebeten auszusteigen. Doch wohin gedenkt man uns zu führen? Man geleitet uns in der Tat durch das scheinbare Gestrüpp. Ein Pfad führt hindurch. Bezeichnet durch Pflastersteine im Boden, die hintereinander eingelegt sind und den Weg anzeigen. Man geht, abermals scheinbar, durch eine Furt. Dann öffnet sich ein großer und schöner Rasenplatz. Dahinter ein schönes einstökkiges Gebäude im chinesischen Stil. Farbig, vor allem mit schwarz und rot. Ein paar niedrige Stufen führen hinauf zum Festsaal der Universität. Hier soll ich an diesem sonnigen Vormittag des 9. September 1994 zum Ehrenprofessor der Universität Peking promoviert werden.

Damals war noch Sommer, richtiger Sommer. Gegen Herbstende dieses Jahres 1994 trafen dann auch die offiziellen Photographien des Festaktes ein. Sie waren über die chinesische Botschaft in Bonn an Professor Werner Schubert in Weimar und hierher nach Tübingen geschickt worden. Nun läßt sich die Erinnerung nachprüfen. Es zeigt sich, daß die Bilderwelt im Kopf sehr weitgehend mit der »optischen« Bilderwelt übereinstimmt.

Gleich beim Eintritt in die Festhalle hatte man mich auf ein breites rotes Transparent mit weißen Buchstaben hingewiesen. Man lächelte mir zu, ich freute mich. Da stand es denn geschrieben, in weißen chinesischen Lettern, darunter in deutscher Sprache:

> Herr Professor Hans Mayer, die Pekinger
> Universität begrüßt und verehrt Sie!

Unter diesem Transparent nahmen wir auf einem Sofa Platz: der Rektor der Universität Peking, hochgewachsen, im dunklen Anzug, und ich. Rechts neben mir auf einem Sessel der Dolmetscher. Auf der anderen Seite des Sofas hatte Werner Schubert in einem Sessel Platz genommen. Keine Estrade. Schöne niedrige Tische und Stühle an den Längswänden. Dort saßen die chinesischen Gäste der akademischen Feier. Viele junge Gesichter. Auf der gegenüberliegenden Rückseite des Saales saßen die Zuschauer, vor allem wohl Studenten. Es ging ruhig zu, ganz ohne Musik und Rednerei im Hochton. Dennoch ganz ohne Nüchternheit und Kühle. Bertolt Brecht hätte sich gefreut über Ton und Art dieser Veranstaltung. *Sie bedeutete Freundlichkeit.* Der Rektor stand auf und hielt eine Begrüßungsrede. Er dankte dem Gast für sein Kommen und freute sich, daß es zu dieser Ehrung hatte kommen können. Der Dolmetscher neben mir flüsterte mir simultan alles zu, dann gab der Rektor dem Kollegen Professor Yan Baoyu das Wort zur Laudatio.

Yan hatte schräg gegenüber auf einem Sessel an der Längsseite Platz genommen. Nun stand er auf und sprach. Längst hatte ich seit meiner Ankunft in China begriffen, daß dieser Festakt durchaus nicht den Besonderheiten meines Lebenslaufs galt, nicht einmal meinen wichtigsten Arbeiten. *Gefeiert wurde der Erfolg einer chinesisch-deutschen geistigen Zusammenarbeit.* Darum war ich (von mir selbst) gut beraten gewesen, als ich Werner Schubert bat, gemeinsam mit mir hierher zu reisen. Er, der damalige Oberassistent in Leipzig, hatte sich in besonderem Maße verdient gemacht bei der Umsorgung unserer chinesischen Studenten in der für sie so fernen und oft fragwürdigen Welt einer Deutschen Demokratischen Republik. Gefeiert wurden die gemeinsamen Erfahrungen zwischen 1954 und 1994. Sie waren gestört worden, natürlich auch für mich selbst, durch die Barbarei einer sogenannten Kulturrevolution und durch das Pekinger Geschehen auf dem Platz des Himmlischen Friedens im Jahre 1989. Trotzdem, es gab dies nach wie vor: eine gemeinsame Kulturpolitik zwischen diesen Repräsentanten der Volksrepublik China – es waren wichtigste Repräsentanten zugegen beim Festakt – und ihren deutschen Ehrengästen. Denn auch Werner Schubert war Ehrengast; er wurde auch in der Laudatio seines Freundes Yan Baoyu mitgenannt und mitgeehrt.

Yan hatte, als ein kluger Redner und Diplomat, seine Rede knapp gehalten, ohne rhetorisches Beiwerk. Die berichteten Tatsachen sollten genügen als Begründung für die nun folgende Ernennung zum Ehrenprofessor der Universität Peking.

Die Photographie zeigt, wie der Rektor die Urkunde überreicht. Der Rektor ließ sich einen Kasten überreichen, der mit chinesischer Seide bespannt war. Er öffnete ihn und entnahm eine gleichfalls in Seide gebundene Urkunde, die er nun vorlas. Rechts, wie es sich gehört, der chinesische Text mit dem Stempel der Universität, links die englische Übersetzung.

MR. HANS MAYER IS
HEREBY CONFERRED
THE TITLE OF
HONORARY PROFESSOR
BY PEKING UNIVERSITY.

PEKING UNIVERSITY
PRESIDENT WU SHUQING.

Es war wirklich eine sehr offizielle Bekundung der Freundlichkeit und auch der Dankbarkeit. Auch der stellvertretende Generaldirektor Wang war erschienen. Er nahm später auch an dem Mittagessen teil, das uns die beiden Rektoren gaben: in einem der benachbarten Bungalows dieser Gartenuniversität.

Ich war aufgestanden vor der Verlesung der Urkunde. Dann trat eine ungemein schöne junge Chinesin vor mich hin und heftete mir eine kleine Spange in Rot und Gold an den linken Rockaufschlag des dunklen Anzugs. Nun also war ich ein chinesischer Professor. Dann bekam ich vom Rektor einen Geschenkkarton. Als ich ihn später aufmachte, kam eine wunderschöne rotbraune Blumenvase zum Vorschein. Porzellan, doch ganz bedeckt mit kunstvoller Holzschnitzerei und chinesischer Lackarbeit. Embleme und Blumen. Auch kunstvoll die Inschrift in chinesisch und englisch:

Peking University.

Ein Augenblicksphoto zeigt mich bei meiner Dankrede. Eine andere Aufnahme zeigt die gespannt und freundlich zuhörenden Ehrengäste und Studenten. Auch ein »europäisches« Gesicht fällt auf. Eine deutsche Lektorin der Universität.

Es gibt eine Botschaft der Bundesrepublik Deutschland in der Hauptstadt der Volksrepublik China. Dort schien aber niemand abkömmlich gewesen zu sein an diesem Septembermorgen. Oder: Man wird es einfach nicht gewußt haben. Die chinesischen Veranstalter der Feier nahmen es zur Kenntnis. Sagten aber nichts. Erst viel später machte eine gelegentliche Bemerkung deutlich, daß man es als Zeichen einer deutschen Unfreundlichkeit betrachtet hatte.

Anschließend wurde auch Werner Schubert geehrt. Der andere Rektor stand auf, um ihm zu danken. Auch Schubert wurde eine Geschenkpackung übergeben, die ebenfalls ein Exemplar jener schönen Universitätsvase enthielt. Wir beide nahmen auch Blumensträuße entgegen. Auch die anderen Überbringerinnen der Geschenke waren sehr hübsch.

Dann war die Feier zu Ende. Photographieren, Glückwünsche, freudiges Bewegtsein. Wir gingen hinaus auf den Rasen. Alles mußte abklingen. Es war noch Zeit bis zum Beginn des Mittagessens.

Am Nachmittag erwartete man uns bei den Germanisten der Universität. Eine Photographie zeigt den Hörsaal. Es waren etwa fünfzig oder sechzig Dozenten und Studenten versammelt. Wie immer in aller Welt und bei Veranstaltungen einer Philosophischen Fakultät waren auch hier die Frauen in der Mehrzahl. Das ist immer so. Sie waren informiert und freuten sich über den Besuch des Kollegen aus der Stadt der Hölderlin und Uhland, Hegel und Schelling. In diesem Sinne wurden auch Fragen gestellt. Diesmal brauchte man die Dolmetscher nicht. Abermals bestaunten wir die Sprachkenntnisse so vieler Chinesen, die sich für dieses Deutschland zu interessieren schienen.

Man hatte nicht eigentlich einen Vortrag erwartet. Ich

stellte mich einfach vor, versuchte in knapper Form meinen Lebenslauf und meine geistige Entwicklung zu umreißen. Ein wirkliches Fachgespräch kam nicht zustande. Allgemein war man der Meinung, dies sei am Nachmittag des Akademischen Festaktes nicht die beste Gelegenheit. Am anderen Tag, also am 10. September, erwartete man mich in der Akademie für Gesellschaftswissenschaften der Volksrepublik China. Ich hatte einen Vortrag vorbereitet, der die Entwicklung Deutschlands und der Deutschen während dieses bald zu Ende gehenden Jahrhunderts nachzeichnet. Den Weg vom Kaiserreich in einen Ersten Weltkrieg, eine erste Republik, eine blutige Diktatur, einen Zweiten Weltkrieg, unermeßliche Zerstörung, Aufspaltung des Landes, kalter Bürgerkrieg, schließlich eine plötzliche Wendung am 9. November 1989. Eine einheitliche Bundesrepublik Deutschland, welche jedoch keines der Probleme des Jahrhunderts und der eigenen Vergangenheit zu lösen vermochte. Darüber gedachte ich vor den Zuhörern der Akademie zu sprechen.

IX. Das Gespräch in der Hofküche

Die Harmonie der akademischen Feierstunde war trügerisch. Das mußte ich mir klarmachen bereits am nächsten Tag: beim Zusammentreffen mit den Akademikern im Gebäude ihrer Akademie für Gesellschaftswissenschaften. Auch hier, in dieser Volksrepublik China, waren alle Schwierigkeiten einer nachrevolutionären Geschichte gegenwärtig geblieben. Wiederum zeigte es sich, daß alle modischen Versuche, den eigenen Zeitproblemen dadurch zu begegnen, daß man die Vergangenheit eben als vergangen und folglich als belanglos abtat, ebenso gefährlich wie unwissenschaftlich sind. Der Satz Walter Benjamins gilt nach wie vor: eine Leugnung der Geschichtlichkeit muß dazu führen, daß die Toten nicht sicher sein würden in ihren Gräbern. Man hat es erlebt.

Ich erlebte es ungemein deutlich, zuerst als Gefühl, viel später als Erkenntnis, an diesem Vormittag und Mittag des 10. September 1994. Dabei gab es überhaupt keinen Streit, keinerlei heftige Auseinandersetzung. Eine freundliche, doch nicht eben erfolgreiche Vortragsveranstaltung, anschließend ein freundliches Gespräch bei einem festlichen Mittagessen, das die Akademie für ihre deutschen Gäste vorbereitet hatte. Alles vollzog sich leise und höflich. Dennoch war ich verstört, denn ich fühlte den Anhauch einer Gegenwelt. Es war für mich zu verstehen als *Wiederbegegnung mit dem Stalinismus.*

Offenbar waren die Gestirne ungünstig an diesem Septembertag. Wallenstein hätte vermutlich, an meiner Stelle, den Vortrag abgesagt. Das begann bereits bei der Anreise zum Gebäude der Akademie am Vormittag. Die riesige Hauptstraße, welche die Stadt durchzieht, war abgesperrt worden für allen Verkehr. Freigehalten wurde sie für eine gewaltige Sportveranstaltung behinderter Menschen. Wir mußten Umwege fahren, kamen mit einiger Verspätung an vor der Akademie. Man kannte die Gründe unserer Verspätung, meinte, dadurch werde der Zeitplan gestört werden. Welcher Zeitplan? Nun, die vorgesehene Dauer der Veranstaltung, weil anschließend vom Rektor der Akademie ein festliches Mittagessen für die Gäste angeordnet worden war. Lunch in einer – ehemals – kaiserlichen Hofküche. Dieser Hinweis auf einen gleichsam rituellen, folglich an der Sache selbst uninteressierten Ablauf der Vortragsveranstaltung gab mir zu denken. Zur gleichsam zeremoniellen Vorbereitung gehörte auch der Vorschlag, der Redner möge jeweils nach einem gesprochenen Satz innehalten, damit der Übersetzer das Gesprochene in der Landessprache wiederholen könne. Das lehnte ich kurzerhand ab. Dergleichen ist möglich und sinnvoll beim Austausch kurzer diplomatischer Höflichkeiten. Hingegen hatte ich erwartet, daß man sich für mein Thema interessieren werde, und für meine Gedanken dazu.

Man einigte sich rasch. Ich würde jeweils einen Gedankenkomplex zusammenfassend vortragen, dann erst innehalten, damit die Übersetzer an die Arbeit gehen könnten. Eine Simultananlage war nicht vorhanden. Ich bat die beiden jungen chinesischen Übersetzer, eine Frau und ein Mann, neben mir Platz zu nehmen. Was sie dann im Verlaufe der Veranstaltung leisteten, war staunenswert. Sie hatten alles Gesagte nicht nur mitbekommen, sondern auch verstanden. Nicht nur verstanden, auch gewußt. Namen wie Büchner und Gerhart Hauptmann, wie Rathenau oder Gottfried Benn, waren ihnen geläufig. Ich hörte sie heraus beim chinesischen Vortrag.

Freilich wurde auf diese Weise viel Zeit verbraucht. Irgendeine interessierte Reaktion meines Auditoriums vermochte ich nicht zu spüren. Als Redner macht man dabei sehr subtile Erfahrungen. Viele Anwesende, also

Mitglieder der Akademie, waren auf den chinesischen Übersetzer angewiesen. Sie schienen alles zur Kenntnis zu nehmen. Bald war die Stunde des Abschlusses herangekommen. Der Vortragende hingegen hielt erst beim Ende eines Zweiten Weltkrieges und dem Ausblick auf die zweite Hälfte unseres Jahrhunderts.

Es hatte keinen Zweck, mit einigen verlegenen und verhuschten sogenannten »Ausblicken« einen formellen Abschluß zu simulieren. Da war es vernünftiger, einfach abzubrechen. Was ich auch tat.

War es Erleichterung der Versammlung, als ich mich höflich bedankte und damit den Abschluß konstatierte? Ich weiß es nicht. Jene Mitglieder der Akademie, die noch im Hörsaal 40 zu Leipzig gesessen hatten, mögen den Abbruch bedauert haben. Der chinesische Kollege, der mir als Leiter der Germanistischen Abteilung vorgestellt worden war, zeigte sich feinfühlig und ein bißchen bedrückt über die kühle Förmlichkeit des Geschehens.

Anschließend gab es einige Verwirrung. Wallenstein hätte, wie gesagt, seinen Schiller zitiert: »Die Sterne lügen nicht.« Man erfuhr, daß der Rektor, der aus ernsthaften Termingründen nicht anwesend sein konnte, wie man uns schon am Vortag mitgeteilt hatte, bereits auf dem Wege sei zum Ort des festlichen Mittagessens. Wir würden von ihm in der Hofküche erwartet, so lautete die Order. Wir fuhren los mit unserem Fahrer und in der Staatskarosse.

Wo jedoch war sie zu finden, die Hofküche? Im Jahre 1980 hatten wir sie mühelos gefunden. Das war noch eine wirkliche kaiserliche Hofküche in der einstmals Verbotenen Kaiserstadt. Man hatte uns hinreißend bedient in einem kleinen Raum mit offenbar streng für den höfischen Gebrauch reservierten Rezepten der Monarchie. Auch ein Minister der Volksrepublik hatte damals mit uns gespeist.

Inzwischen aber war auch die chinesische Hofküche, um den modernen und modischen Ausdruck zu gebrauchen, »kommerzialisiert« worden. Es gab nunmehr einige wenige Hofküchen in Peking, und zwar außerhalb des einstmals verbotenen Bereichs. Welche Hofküche war nun die richtige? Das wußte unser stadterfahrener Fahrer leider auch nicht. Man hatte es ihm in der Akademie auch nicht sagen können. Wir haben viel von Peking gesehen an diesem späten Vormittag und vor dem Mittagessen. Der Fahrer mußte mehrfach telefonieren. Allenthalben muß man ihm freundlich geholfen haben. Schließlich kamen wir an.

Eine moderne Hofküche, wie sich zeigte, doch im besten altchinesischen Stil. Eine freundliche und entspannte Begrüßung. Durch die Telefongespräche des Fahrers war man unterrichtet über unser Mißgeschick. Man war erleichtert, daß nun das vorgesehene Programm beginnen durfte.

Der stellvertretende Rektor der chinesischen Akademie (sein Kollege befand sich im Ausland) war ein Professor der europäischen Philosophie. Bei der Vorstellung wies Yan Baoyu darauf hin, der Kollege sei besonders an Fragen einer philosophischen Ästhetik interessiert, gegenwärtig befasse er sich insbesondere mit Friedrich Nietzsche. Man merkte es: auch hier in Peking wurden Betrachtungen zum 150. Geburtstag des deutschen Zarathustra vorbereitet.

Das Gespräch mit dem Rektor mußte über die anwesenden Dolmetscher geführt werden. Es war kein Mangel, in der kleinen Tischrunde, an genauen Kennern der deutschen Sprache und Kultur. Der Rektor hatte offenbar einen slawistischen Bildungsweg gewählt, seine Fremdsprache war Russisch, wodurch mir, nach meinen Leipziger Erfahrungen, sogleich klar wurde, daß hier ein ästhetisches Konzept gleichbedeutend sein mußte mit Belinski und Dobroljubow, mit Tschernyschewski und Lenin natürlich.

So war es auch. Das Gespräch in der Hofküche, das nun anhob, während kaiserliche Speisen aufgetragen wurden, während chinesisches Porzellan mit den kaiserlichen Mustern zur Verfügung stand, mußte *als Auseinandersetzung* verstanden werden zwischen der geistigen Neugier der deutschen Gäste, die den Zusammenbruch einer Deutschen Demokratischen Republik erlebt hatten, und wußten, daß damit auch ein von Moskau oktroyiertes System der Kunstdiktatur und der bedrohlichen normativen Ästhetik untergegangen war, und den Gastgebern einer chinesischen Akademie der Gesellschaftswissenschaften, für welche jenes Untergegangene noch gegenwärtig war. Das Gespräch in der Hofküche wurde dadurch, ohne daß dieser Ausdruck auch nur einmal vorkam, ein Gespräch über Residuen des Stalinismus. Stalin war gegenwärtig bei diesem Gespräch, und auch Mao. Gegenwärtig waren aber auch für die beiden deutschen Gäste, einen sehr alten und einen durchaus nicht mehr jungen, die Erfahrungen mit der »deutschen Misere« (Karl Marx) in unserem Jahrhundert.

Wir waren Gäste einer chinesischen Akademie für Gesellschaftswissenschaften. Im Jahre 1980 hatte mich eben diese Akademie zu meiner ersten Chinareise eingeladen. Vorzügliche Gastgeber, an welche ich mit Freude zurückdenke. Damals war mir der Ausdruck »Gesellschaftswissenschaften« wohl vertraut, er bot keinerlei Anlaß zum Nachdenken. Verstanden wurde er, das war unverkennbar, als Gegenterminologie zu unseren deutschen »Geisteswissenschaften«. Die Ablehnung des philosophischen deutschen Idealismus war evident in einer solchen Formulierung. Geschichte sollte verstanden werden als materiales Geschehen, nicht als Wandlung einer Phänomenologie des Geistes im Sinne des jungen Hegel.

So war auch die Selbstfirmierung dieser chinesischen Akademie zu deuten. Sie hatte ersichtlich ein engeres Konzept, als die europäischen »Akademien der Wissenschaften«, die eine Totalität wissenschaftlicher Forschung und Lehre voraussetzen. Vermutlich gab es in China entsprechende Hochschulen oder Forschungszentren der Naturwissenschaften, wohl auch der Medizin, wie ich mir sagen ließ. Dann war diese akademische Institution folglich zu interpretieren als Vereinigung von Forschern, welche sich mit menschlichen Verhaltensweisen im gesellschaftlichen Geschehen befassen. Eine umfassende Akademie immerhin, doch ersichtlich mit einem Primat der Soziologie, nicht der Philosophie.

Das war ebenso folgerichtig wie falsch, wie ich wußte: dank meiner Erfahrungen in Leipzig und in den damaligen vom Stalinismus beherrschten Volksrepubliken.

Es gab nämlich weder eine eigentliche Professur für Soziologie im Sinne der internationalen Gesellschaftsforschung, noch gab es in einem weiteren Verstande einen dominierenden Lehrstuhl für Philosophie. Soziologie wurde, was man sich durchaus nicht eingestehen wollte, immer noch, wie unter Stalin, als eine westliche ideologische Abirrung, genannt Dekadenz, verstanden. Die Einrichtung eines Lehrstuhls für Philosophen, die philosophierten, hielt man gleichfalls für obsolet. Diese Erfahrung hatte ich längst in Leipzig machen können. Dort hatte man immerhin noch einen philosophischen großen Denker wie Ernst Bloch toleriert, war aber keineswegs gewillt, ihm die Möglichkeit zu geben, künftige Philosophen auszubilden. Philosophie war aufgeteilt in übersichtliche Bereiche wie Geschichte der Philosophie, politische Philosophie, Moralphilosophie, Ästhetik. Mehr brauchte man nicht. Denn es gab einen geheimen oder offen bekannten Oberbegriff, der alles überwölkte, weil man ihn für allumfassend hielt. Alles Philosophieren und alle Gesellschaftsforschung war darin aufgehoben und zugleich vorausgesetzt.

Es handelte sich um den *Marxismus-Leninismus*. Einen Stalinismus hatte es, im östlichen Sprachgebrauch, niemals gegeben. Das war bösartige feindliche Terminologie. Stalin war, wie bekannt, ein treuer Schüler Lenins, also ein Leninist.

Ich möchte meinen, daß dieses Grundkonzept, das hier mit einiger Hilflosigkeit rekonstruiert wird, gleichsam »im Lichte unserer Erfahrung«, um Thomas Mann zu zitieren, nach wie vor die Grundlage bildete aller Arbeit der chinesischen Akademie für Gesellschaftswissenschaften. Was natürlich der Ernsthaftigkeit der meisten hier durchgeführten Untersuchungen keinen Abbruch tun mußte: von wenigen Disziplinen abgesehen: zum Beispiel *der Ästhetik*.

Ich hatte einen leichten inneren Schauder zu überwinden, als man mir bei der Begrüßung mit unserem Gastgeber, dem stellvertretenden Rektor, mitteilte, er beschäftigte sich vor allem mit Fragen der Ästhetik. Hier hätte der Generalissimus Wallenstein abermals seinen Schiller zitiert: »Ich kenne meine Pappenheimer!« Ich kannte, von Leipzig her, meine »Ästhetiker« im streng marxistisch-leninistischen Sinne. Sie waren im allgemeinen ebenso linientreu wie halbgebildet. Gegen den Versuch seiner Genossen in der Fakultät, einen davon unbedingt zu habilitieren und anschließend mit einer Professur für normative Ästhetik zu betrauen, hatte ich monatelang vergeblich angekämpft. Er bekam seine Professur und schrieb weiter seine Traktate, die keinerlei Interpretation »real existierender« Werke der Kunst und Literatur zu bieten gedachten, sondern Gerichtsurteile abgaben über Fortschritt und Dekadenz weniger der Werke selbst, als ihrer jeweiligen Verfasser. Was Folgen für diese Verfasser hatte, wenn sie noch lebten.

Stalin hatte seinen »sozialistischen Realismus« bündig definieren lassen. Es handelte sich einfach um eine »Widerspiegelung« von Realität. Alles andere waren Flausen. Dekadent natürlich. Damit aber nicht genug. Der Künstler oder Schriftsteller hatte noch eine zweite Faustregel zu befolgen. Die Widerspiegelung allein genügte nicht. Man mußte mit ihrer Hilfe darauf bedacht sein, die Leser, ganz allgemein die »Konsumenten von Kunst«, für den Sozialismus zu erziehen.

Nur so ist es zu erklären, nämlich als ideologische Folgsamkeit, wenn ein derart bedeutender Geist wie *Georg Lukács* ein Buch schreiben konnte mit dem Titel »*Die Zerstörung der Vernunft*«, worin die Philosophie des 19. und 20. Jahrhunderts säuberlich aufgeteilt wurde in Philosophen, die der ideologischen Gegenaufklärung verdächtig waren, wie Schopenhauer und Nietzsche, und anderen, die als Philosophen bereit waren, ihre eigene Widerspiegelung von Wirklichkeit in den Dienst »sozialistischer Erziehung« zu stellen.

Genau an dieser Stelle setzte es ein, unser Tischgespräch in der Hofküche.

Was zunächst nur ein höflicher Anknüpfungspunkt gewesen war für ein gar nicht ernsthaft geplantes Gespräch beim Mittagessen, wurde zum Ausgangspunkt für eine Rekonstruierung historischer Denkkonzepte seit dem Ende eines Zweiten Weltkrieges. »Der Gastgeber beschäftigt sich mit Fragen der Ästhetik, er ist im Augenblick besonders interessiert an Friedrich Nietzsche.« Höflich wurde, auf der Grundlage solcher Kurzinformation, die Frage gestellt nach der Rolle, die Nietzsche im Urteil dieses Spezialisten der ästhetischen Theorie zu spielen hatte. Ich hatte für mich damit insgeheim ein Stichwort gegeben. Mein Partner, der Rektor und Gastgeber, griff es sogleich auf, nachdem man ihm meine Frage übersetzt hatte. Er war vorzüglich unterrichtet und ging sogleich auf das Stichwort ein. *Die Zerstörung der Vernunft*. Ich hatte den Namen Lukács gar nicht erwähnt. Wie selbstverständlich fiel nun der Name in der Antwort. Er schätze den Denker Lukács sehr hoch. Er wußte auch, wie es sich zeigte, daß ich Lukács recht gut gekannt, mit ihm öffentlich über Fragen der deutschen Romantik und des Expressionismus polemisiert hatte. Ich erzählte ihm nun, hier am Tisch, von meinem letzten Besuch bei Lukács in Budapest im Jahre 1962. Der chinesische Kollege machte eine genaue Unterscheidung, die mich freute, weil ich sie durchaus für richtig halte. Er lehnte jenes Buch gegen den angeblichen Irrationalismus, die Vernunftfeindlichkeit, und damit das Urteil von Lukács über Nietzsche rundheraus ab. Nietzsche sei nicht, wie der Historiker Franz Mehring zu Beginn unseres Jahrhunderts gemeint habe, ein Vordenker des damals anbrechenden Imperialismus gewesen. Georg Lukács hat sich selbst später etwas hochmütig abgrenzen wollen von Franz Mehring; in Sachen Nietzsche hingegen hat er auch nichts anderes festzustellen gehabt.

Der chinesische Gastgeber setzte aber hinzu, im Gegensatz zur »Zerstörung der Vernunft« sei das Buch von Lukács über den *jungen Hegel* durchaus lesenswert und wichtig.

Ich freute mich insgeheim. Unser Gesprächsthema war bis dahin ziemlich förmlich und kühl gewesen. Nun sprachen wir bereits freundlicher miteinander. Dies war keine Plauderei mehr bei einem guten Mittagessen, sondern man spürte, daß hier dialektische Positionen überprüft, je nachdem aufgegeben oder »aufgehoben« werden mußten.

Ich stimmte zu im Urteil über das Hegelbuch von Lukács, griff zurück auf den Hegelianismus des jungen Lukács in seinem später von ihm selbst verleugneten Buch über »Geschichte und Klassenbewußtsein« aus dem Jahre 1924. Im Jahre 1925 bereits hatten die Stalinisten in der Kommunistischen Internationale den Genossen Lukács veranlaßt, Selbstkritik zu üben und diesen philosophischen Idealismus preiszugeben.

Er hat ihn aber nicht wirklich preisgegeben, wie das spätere Buch »Der junge Hegel« bewies. Ich ergänzte diese Differenzierung, indem ich auf die Bedeutung aller Arbeiten von Lukács über *Goethe* hinwies.

Dies war das Stichwort für Werner Schubert. Plötzlich waren wir alle in Weimar. Bis zu seiner Pensionierung aus Altersgründen im Jahre 1990 und noch unter der Staatlichkeit einer Deutschen Demokratischen Republik war Professor Werner Schubert der Generaldirektor gewesen der »Nationalen Forschungs- und Gedenkstätten der klassischen deutschen Literatur«. Er hatte sich um die Dornburger Schlösser gekümmert, um das Landschlößchen der Charlotte von Stein, um den Bau eines Schiller-Museums. Nun sprachen wir von Weimar. Dort kannte sich auch Yan Baoyu sehr gut aus. Ich berichtete über die letzte Begegnung im Mai 1955 von *Thomas Mann und Georg Lukács* beim Schiller-Jubiläum. Da war nichts mehr spürbar von der einstigen Bewunderung Thomas Manns für den jungen Lukács und seine nach wie vor hochbedeutende »Theorie des Romans«. Beide hatten sich sehr gewandelt seit jener Zeit. Bei Lukács hatte damals noch Dostojewski als Hauptikone im Tempel der großen bürgerlichen Romankunst gestanden, so auch hatte ihn, den Autor der »Karamasow«, der damalige Thomas Mann gesehen. Dann wechselte Thomas Mann von Dostojewski zu Tolstoi, von Schiller zu Goethe. Der einstige Symbolist und Esoteriker Lukács (um das Jahr 1910) bekämpfte nun Heinrich von Kleist und die Romantiker als dekadent und politisch schädlich. So konnte Friedrich Nietzsche, den der junge Lukács genau so wie der junge Thomas Mann gierig aufgenommen und bewundert hatten, zum Zerstörer der Vernunft und zum Ideologen des Imperialismus degradiert werden.

Thomas Mann hatte sich vorsichtiger verhalten, er mußte auch keine Dekrete des großen Stalin respektieren. Thomas Manns Roman »Doktor Faustus« ist freilich sowohl ein Nietzsche-Roman wie eine Darstellung des Wütens der zerstörerischen Unvernunft. Doch Thomas Manns Züricher Rede von 1947 über »Nietzsches Philosophie im Lichte unserer Erfahrung« war, im Gegensatz zu Lukács, liebevoll und sehnsüchtig.

Dies war nun ein »sehr deutsches Gespräch« geworden. Die beiden Deutschen und die drei chinesischen Germanisten am Tisch hatten es bestritten. Der Rektor hielt sich zurück, hörte zu, doch es war ihm anzumerken, daß er sich sehr genau informieren wollte. Der chinesische Übersetzer mußte alles Gesprochene genau erläutern.

Das Mittagessen hatte einen glanzvollen Ablauf genommen. Immer wieder spürte man, wie die Hand eines Kellners zwischen den Sitzenden hinüberfand zur großen Drehscheibe des runden Tisches, um abermals einen Teller mit überraschenden Speisen aufzutragen. Die Drehscheibe erlaubte es jedem der Gäste, sich das Gewünschte herbeizuholen. Ich hatte früher einmal, wenngleich etwas ungeschickt, mit den Stäbchen essen können. Werner Schubert war darin geschickter, aus Solidarität mit mir aber hielt er sich an Messer und Gabel. Inzwischen war die Suppe aufgetragen worden, was in China, ganz im Gegensatz zu unseren Gewohnheiten, den Abschluß der Mahlzeit ankündigen soll. Yan Baoyu holte, um das Gespräch in der Hofküche gleichfalls als »schönes Gespräch« im Sinne der Josephsromane von Thomas Mann abzurunden, unsere Reflexion wieder zurück zu menschlichen Schöpfungen der höchsten ästhetischen Vollendung: zum Gedicht und zur Zeichnung. Woran erkennt man die Vollendung einer chinesischen Zeichnung und eines chinesischen Gedichtes? Worin liegen die Unterschiede, für einen Chinesen (!), wenn er sich einem europäischen Gedicht oder Kunstwerk gegenüber sieht? Ich fragte Yan Baoyu nach seinem Urteil über deutsche Versuche einer Übertragung chinesischer Lyrik.

Natürlich sprachen wir über Hans Bethge und sein zu Beginn des Jahrhunderts im Insel-Verlag erschienenes Buch »Die chinesische Flöte«. Yan lachte und gab zu verstehen, daß er nicht allzuviel davon halte.

Ästhetisches Mißverständnis. Doch es war wohl einer der anderen chinesischen Germanisten, der darauf hinwies, daß jene so unchinesischen Töne einer Flöte ursächlich geworden waren für ein großes Tonwerk: für das »*Lied von der Erde*« *von Gustav Mahler*. Womit wir abermals zurückgekehrt waren zu einer ersten europäischen Vorkriegszeit, zu Thomas Manns Münchener Begegnung mit Gustav Mahler, der damals seine Achte Sinfonie dirigiert hatte. Wir waren zurückgekehrt zum »Tod in Venedig«, wo der Erzähler seiner Kunstfigur Aschenbach den Vornamen Gustav verlieh. In Luchino Viscontis Film »Der Tod in Venedig« trägt der Schauspieler, der Gustav von Aschenbach darzustellen hat, den Schnurrbart Thomas Manns und die Brille Gustav Mahlers. Das Adagietto aus Mahlers Fünfter Sinfonie wurde zur Filmmusik.

Der Abschied vom Gastgeber war sehr herzlich. Die Ungunst der Gestirne schien verflogen. Unser Gastgeber hatte offenbar Freude gehabt an unserem Gespräch während der Mittagstafel. Die Chefin der Hofküche überreichte uns beiden einen der schönen kaiserlichen Teller und Löffel für den Reis und die Suppe.

X. Konfuzius und Mao

Den Tempel des Konfuzius in Peking hatte ich schon bei der ersten Chinareise im Jahre 1980 sehen wollen. Aus Chinabüchern kannte ich die Abbildung der weißen Marmorstatue des legendären Philosophen, die sich aus einem kunstvoll angelegten Blumenbeet zu erheben scheint. Dahinter der Tempel.

Es kam aber nicht mehr zur Besichtigung. Wir waren auf der chinesischen Mauer gewesen, hatten die Kaisergräber der Ming-Dynastie anschauen dürfen, viel Zeit wurde auch verbracht mit Besuchen in der einstmals Verbotenen Kaiserstadt. Außerdem hatte ich es doch noch erreicht, daß ich das Mausoleum für den Vorsitzenden Mao Tse-tung betreten durfte.

Weder das eine noch das andere war damals von meinen Gastgebern besonders freudig zugestanden worden: weder der Tempel des Konfuzius, noch der Besuch im Mausoleum. Dann reisten wir weiter nach Nanking und in die zauberhafte Stadt Hangzhou.

Diesmal spürte ich keinerlei Zögern, als ich davon sprach, den Tempel des Konfuzius aufzusuchen. Im Gegenteil, der Vorschlag kam von den Gastgebern selbst. Die Gründe für dieses abweichende Verhalten glaubte ich zu ahnen. Im Jahre 1980 war man gerade erst dabei, nicht nur die materiellen, sondern auch die geistigen Residuen der sogenannten Kulturrevolution zu beseitigen. Gegen den Konfuzianismus aber hatten die Kulturkämpfer mit großer Erbitterung geeifert. Der im Jahre 551 vor der Zeitenwende geborene chinesische Denker hatte in einer großbäuerlichen und auf der Großfamilie beruhenden Gesellschaft ein streng hierarchisches System menschlicher Beziehungen errichten wollen. Gleichsam in Form einer Pyramide, an deren Spitze der Herrscher stand. Da die Welt des chinesischen Denkens und Handelns stets durchaus *diesseitig* gewesen war, gleichsam eine Welt ohne Transzendenz, konnte es keine Vergöttlichung des Herrschertums geben. Man herrschte nicht von Gottes Gnaden. Aus dem diesseitigen Aufbau der Gesellschaftsordnung mußten sich die Hierarchien ergeben. Sie wirken, wie genaue Kenner der chinesischen Philosophie betonen, insgeheim bis heute nach in dem Riesenreich der Volksrepublik. Herrschaft des Vaters über die Kinder, des Erstgeborenen über die Nachgeborenen, der Männer über die Frauen.

Eben dies hatten die Kulturrevolutionäre beseitigen wollen: in einer plebejischen Revolte der Gleichheit, die dann zur Gleichmacherei entartete. An die Stelle der konfuzianischen Pyramide war der Kult der Ungeistigkeit getreten, sogar der Geistfeindschaft.

Sehr sonderbar, daß sich Mao Tse-tung und seine Frau Jiang Qing an die Spitze einer solchen Revolte stellen konnten. Denn der Vorsitzende Mao war als Dichter und Denker, Staatsmann und Revolutionär durchaus als Herrschergestalt im Sinne der konfuzianischen Lehre anerkannt worden.

Hier sehen wir ihn nun in seiner Marmorgestalt, den Denker Kongfutse (Kong Fuzi). An diesem sonnigen Septembermorgen blühten all seine Blumen. Dies war die Stätte der Ruhe und Rast inmitten einer Riesenstadt. Eine kleine Allee führt vorbei am Denkmal und hinauf zum Tempel. Man konnte durch den Tempel hindurchgehen und fand sich in einem schönen Garten wieder. Ein Ort der Meditation. Man hatte nicht den Eindruck, daß im Tempel irgendwelche kultischen Handlungen vollzogen wurden. Es war der Besuch bei einem Denker und sollte der Meditation dienen. Die Tempelanlage war belebt, nicht übermäßig. Touristen sah man nicht. Der Tempel des Konfuzius stand wohl kaum auf dem Programm der Reiseleiter.

Zwei Tage später, in Sian, ging es ganz anders zu bei der Großen Wildgans-Pagode des Buddha. Dort amtierten die kahlgeschorenen Priester in ihren strahlend gelben, nach unten schräg bauschig abfallenden Gewändern. Weihrauch stieg auf.

Der Konfuzianismus unterscheidet sich dadurch von den Weltreligionen der einflußreichen »Nazarener und Hellenen«, mit Heinrich Heine zu sprechen, also vom Judentum, Christentum, natürlich auch von dem Islam und den Götterlehren der antiken europäischen und vorderasiatischen Völker. Um es zu wiederholen, die chinesische Welt bedeutet eine Absage an alle Transzendenz. Darum gibt es auch nicht bei Konfuzius ein Gegenstück zur Geschichte von der Vertreibung aus dem Paradies. Es gibt keine Urschuld. Der von Martin Luther zitierte Satz (1. Mose 8,21), wonach das Dichten und Trachten des menschlichen Herzens böse ist von Jugend an, muß als schroffe Antithese zur Lehre des Konfuzius verstanden werden. Sonderbarerweise würden sich vielleicht *Beziehungen herstellen lassen zwischen Kongfutse und Jean-Jacques Rousseau.*

Seinen Traktat mit dem Titel »Émile ou De l'éducation« beginnt der Genfer mit dem Satz: »Alles ist gut, was aus den Händen des Schöpfers der Dinge entstand. Alles entartet unter den Händen der Menschen.« Hätte Konfuzius diesem Gedanken zugestimmt? Dazwischen liegen mehr als zweitausend Jahre. Noch zu Beginn unseres 20. Jahrhunderts, mitten in einem Ersten Weltkrieg, schrieb der Pazifist Leonhard Frank eine Erzählung mit dem Titel »Der Mensch ist gut«. Auch die Expressionisten mit ihrer Vision einer »Geburt des neuen Menschen« waren Rousseauisten. Sie mußten scheitern: ganz wie die Jakobiner und Rousseauisten um Robespierre und Saint-Just.

Auch die Konfuzianer sind in China im Laufe der Jahrtausende stets bekämpft worden: nicht zuletzt von den Buddhisten. Zwei Jahrhunderte nach dem Tode von Konfuzius im Jahre 479 vor der Zeitenwende ließ der erste Kaiser, der die Fürstentümer gewaltsam (und grausam) als Reich zusammenfügte, die konfuzianischen Schriften verbrennen.

Auch Konfuzius gehört zu jenen großen und rätselvollen Gestalten, die durch ihre Worte und Gespräche eine Lehre begründen wollten, nicht durch eigenes Aufschreiben und eigene Texte. Hier ging es ähnlich zu wie bei Sokrates, natürlich auch wie bei Jesus von Nazareth. Die chinesische Philosophiegeschichte beruft sich auf vier Bücher, die von den Schülern aufgezeichnet wurden, mit Aussprüchen und Lehren des Meisters. Die Schüler handelten ähnlich, wie später in Athen, etwa ein Jahrhundert nach dem Tode des Konfuzius, die beiden Meisterschüler des Sokrates: Platon und Xenophon.

Woher stammt mein Interesse an dem chinesischen Denker? Ein eigentliches Studium dieses gewaltigen Bereiches der chinesischen Kultur habe ich niemals betrieben. Allein in den Gesprächen mit einigen der wichtigsten Menschen, die mein Leben prägen sollten, kam man stets zurück auf die Chinesen, auf Kongfutse und den Daoismus, auf die verschiedenen Arten und Fraktionen der buddhistischen Lehre. Wir alle waren fasziniert von jenem östlichen Denken ohne Transzendenz: Bertolt

Brecht, Ernst Bloch, Elias Canetti. Es gibt einen schönen Aufsatz von Ernst Bloch, worin eine west-östliche Synthese versucht wird, unter dem Titel »Hebel, Gotthelf und bäurisches Tao«. Ernst Bloch hielt viel von seinem frühen Text, kam immer wieder darauf zurück. Er verstand das chinesische Tao in seinem eigenen utopischen Begriff von »Heimat«.

Die Staatskarosse wartete vor dem Eingang zum Tempel des Konfuzius. Ein Blick zurück auf den Mann in Marmor. An diesem letzten Nachmittag vor dem Weiterflug nach Sian wollten wir noch einmal das Mausoleum besuchen. Der Ausdruck Mausoleum geht immer noch zurück zu einem der sieben Weltwunder der Antike: zum Grabmal des Königs Mausolos in Halikarnassos. Davon ist wohl nichts mehr übriggeblieben, ebensowenig wie vom Koloß über dem kleinen Hafen der Insel Rhodos. In Ephesus kann man immer noch an die Grundstrukturen des Artemistempels erinnert werden. Mein Reisegefährte Werner Schubert war in Babylon gewesen und meinte, die Anlage, worüber sich einst die Hängenden Gärten der Semiramis entfalten konnten, erlaube der Einbildungskraft immer noch, sich das Wunder von einst vorzustellen. Für den Zeus des Phidias hat es Nachbildungen gegeben. Die Pyramiden stehen noch. Der Leuchtturm von Alexandria, so erfährt man immer wieder, liege im Meer und könnte geborgen werden ...

Würde es in Peking zugehen, wie man durch Pressemitteilungen belehrt wird, so befände sich das Grabmal des Begründers einer Volksrepublik China im Zustand der Isoliertheit und vielleicht sogar des Verfalls. Im Jahre 1980, also nach dem Ende jener Kulturrevolution, gab es, wie immer in allen früheren Jahren, endlose Schlangen mit geduldig wartenden Menschen, die Einlaß begehrten. Wir bekamen damals eine Sondererlaubnis und konnten eintreten, ohne warten zu müssen.

Auch diesmal war es nicht anders. Das gewohnte Bild der geduldig wartenden Menschen. Die Ordner in Uniform, Soldaten offenbar, welche den Zugang wie stets zu regeln hatten. An diesem Herbsttag des Jahres 1994 konnte die Rede nicht mehr davon sein, daß die Besucher abkommandiert seien zum rituellen Totenbesuch. Nach einigen Jahren zögernder Distanz hatte man auch in den Kreisen der herrschenden Partei ein sogenanntes »ausgewogenes« Verhältnis zur eigenen Geschichte erreicht. Mao war nach wie vor Gegenwart.

Als wir eingelassen wurden, fand ich die Art der Aufbahrung verändert. Mein Erinnerungsbild war ein anderes. Damals konnte man unmittelbar vorbeigehen am gläsernen Sarg. Die Hülle eines stattlichen Mannes. Die Hände versteckt unter einer Decke. Diesmal war der gläserne Sarg fortgerückt von den Besuchern: sie konnten nicht mehr rechts und links vorbeigehen. Sie zogen nur an der Vorderseite vorbei. Alles übrige war geblieben. Die chinesischen Schriftzeichen einer Laudatio an der Wand über dem Sarg. In der Eingangshalle in goldenen Lettern ein Gedicht des Lyrikers Mao Tse-tung.

Das heutige China strebt offensichtlich, bei allem Festhalten am leninistischen Prinzip einer herrschenden Partei, nach einer kulturellen Vielfalt und Gleichzeitigkeit. Die Spuren des Konfuzianismus sind, wie im Gespräch mit chinesischen Freunden immer wieder spürbar wird, verinnerlicht im Verhalten der Menschen zueinander innerhalb der Familien, in den vielen Hierarchien einer verwalteten Welt von heute. Vielleicht bedeutet das Mausoleum des Mao Tse-tung, so bizarr das klingen mag nach allen Destruktionen sogenannter Kulturrevolutionäre, ein *Sehnsuchtspotential*. Ein großer Mann hat ihren Staat begründen und prägen können. Das ist unverkennbar, wenn man sie Tag für Tag anreisen und warten sieht: die Menschenscharen vor dem Grabmal des Großen Vorsitzenden.

Im Herbst des Jahres 1956 ging ich in Moskau noch vorbei an den Särgen von Lenin und Stalin an der Mauer des Kreml. Stalin in der Uniform. Ich mußte an seiner Seite vorbeigehen. Ein kurzer Blick hinüber zur Hülle des toten Lenin in seinem schwarzen Anzug. Die zierlichen Hände gekreuzt über der Decke. Stalin wurde später dann aus dem Mausoleum fortgetragen und an der Kremlmauer bestattet. Neben den Urnen jener Revolutionäre vom Jahre 1917, die er nicht mehr umbringen konnte oder am Leben gelassen hatte.

Als N. S. Chruschtschow nach dem XX. Parteitag der Bolschewiki die Stalin-Vergötzung beendete und den Sarg des Generalissimus forttragen ließ, erging die Anweisung, man dürfe sich im sowjetischen Machtbereich nurmehr zu drei von ehemals vier Erzvätern bekennen: zu Marx, Engels und Lenin. In Peking hat Mao Tse-tung festgehalten an der Vierzahl mit Einschluß von Stalin, zu dem er ein Verhältnis des Gleichgewichts von Macht zu Macht herstellen konnte. Aber ein Stalinist ist Mao Tse-tung wohl nicht gewesen. Das Rote Büchlein spricht nicht dagegen. Es verklärt ihn nicht, mit keinem Wort, den Vorsitzenden Mao Tse-tung. Es zitiert seine Schriften und Gespräche. Das haben ja, betrachtet man die Form einer Gesellschafts- und Staatslehre, auch die Schüler des Konfuzius getan.

XI. Die Tonsoldaten des Kaisers Qin Shi Huang

Sie hatte ich unbedingt sehen wollen: diese der Erde entstiegenen Tonsoldaten des chinesischen Kaisers Qin Shi Huang. Sie gehörten zur besonderen Motivation eines sehr alten Mannes, der eine sehr weite Reise unternimmt.

Nun waren wir von Peking nach Sian geflogen. Das war die alte Kaiserstadt. Dort hatte der mächtige Qin Shi Huang sein Grab finden wollen und mit Sorgfalt alle Vorbereitungen für ein *neues kaiserliches Diesseits* getroffen. Sian hatte einen großen, weitläufigen modernen Flughafen. Wir wurden abgeholt von einer Delegation, an deren Spitze der Professor für Deutschkunde an der Universität von Sian die Ankommenden begrüßte. Besonders herzliche Begrüßung mit dem Professor Song Yanfei, unserem Begleiter und Betreuer. Die beiden Germanisten kannten sich vom Goethe-Institut in München her. Beide sprachen ein vorzügliches Deutsch. Abermals eine neue Art der Staatskarosse. Auf der langen Fahrt vom Flughafen zum Hotel wollte ich wissen, wie groß ungefähr die Stadt Sian sei. Die Antwort kam: »Eine mittlere chinesische Großstadt.« – »Also wie viele Einwohner?« – »Etwa drei Millionen.« – Natürlich ist das ärmlich, verglichen mit Peking oder Shanghai. Trotzdem zeigte es sich im Umhergehen oder -fahren in den nächsten Tagen, daß Sian der inneren Struktur nach nicht zu vergleichen ist mit Peking oder Shanghai. Eigentlich gab es hier die Form einer Doppelstadt. Auch hier das Nebeneinander von Altstadt und Neuem China. Allein die Besonderheit lag darin, daß sich die Struktur der gewesenen kaiserlichen Residenz wirklich erhalten hatte. Eine gewaltige Mauer mit vielen Toren umgab dieses einstmals kaiserliche Sian. Man konnte Sian auf der Mauer umwandern. An kleiner und architektonisch sehr schöner Form hatte sich hier das Modell der Großen Chinesischen Mauer wiederholt. Wir wohnten in einem Hotel in dieser Altstadt. Bei jeder Ausfahrt verließen wir eines der Stadttore und waren plötzlich im modernen China mit großen Boulevards, Hochhäusern und allen gewohnten Anblicken einer Großstadt der Welt am Ausgang eines 20. Jahrhunderts.

Wir waren gegen Abend in Sian eingetroffen, am anderen Morgen würden wir sie sehen können, die Tonsoldaten ihres kaiserlichen Alleinherrschers. Das »Mausoleum«, wie die Chinesen die Ausgrabungsanlage bezeichnen, liegt 35 Kilometer von Sian entfernt. Allein Sian ist nun einmal in der Tat eine Millionenstadt, so daß wir erst gegen Mittag eintrafen. Hier hat sich, wie zu erwarten war, eine eigene kleine Siedlung entwickelt. Vor dem Eingang der Halle, die man, um die Ausgrabungen zu überdecken und zu schützen, in Form einer riesigen, doch leicht wirkenden Bahnhofshalle errichtet hatte, sind Schaukästen aufgestellt, in welchen die Photographien erlauchter Besucher zu sehen sind. Die Queen und Prinz Philipp. Mitterand. Das norwegische Kronprinzenpaar. Viele Potentaten und Amtsträger. Der Präsident der Fidschi-Inseln ist gleichfalls hier gewesen. Auch der Pfälzer mit seiner Ehefrau hat den kaiserlichen Terrakotta-Soldaten seine Aufwartung gemacht.

Was wir hier zu sehen bekamen, wird in den bilderreichen und sehr schönen Katalogen zur Ausstellung, die es auch in deutscher Sprache gibt, wie folgt beschrieben:

> »Im Frühjahr 1974 stießen Bauern aus dem Dorf Xi Yang, Gemeinde Yanzhai im Kreis Lintong, beim Ausschachten eines Brunnens am Nordfuß des Berges,

etwa 35 km östlich von der alten chinesischen Kulturstadt Xiàn entfernt, zufällig auf einige zerstückelte Tonfiguren und alte Waffen aus Bronze. Niemand konnte da erwarten, daß mit dieser zufälligen Entdekkung schließlich ein wunderbares und glänzendes Kapitel in der Geschichte der chinesischen Archäologie eröffnet wurde. Ein Wunder der menschlichen Zivilisationsgeschichte kam wieder ans Licht und zeigt nun der ganzen Welt seinen einzigartigen imposanten Glanz. Durch jahrelange breite Bohrungsuntersuchungen und Forschungen der Archäologen wurde bestätigt, daß es sich bei diesem Grabungskomplex um ein großes Beigrab mit Terrakotta-Figuren und -Pferden handelt, welches zur Grabanlage des Ersten chinesischen Kaisers Qin Shi Huang gehört. Bis 1976 wurden drei Grüfte entdeckt und je nach der Entdekkungszeit mit Nr. 1, Nr. 2 und Nr. 3 gekennzeichnet. Auf einer Gesamtfläche von etwa 20000 qm dürften sich 8000 Tonkrieger mit mehr als 100 Streitwagen massieren. In der ersten Gruft fand man Infanteristen und Streitwagen, aufgestellt in einer rechteckigen Schlachtordnung, in der zweiten eine aus Reitern, Fußsoldaten und Streitwagen gebildete Phalanx und in der dritten entdeckte man den Kommandostab mit den Befehlshabern dieser Armee. Die drei Grüfte mit Terrakotta-Figuren sind als einzelne Komplexe voneinander getrennt, stehen aber miteinander in einer harmonischen Symmetrie. Sie geben ein genaues zeitgenössisches Abbild der damals als unbezwingbar geltenden majestätischen Streitkräfte der Qin-Dynastie, die aus Millionen von gepanzerten Kriegern und Tausenden und Abertausenden von Streitwagen und Pferden bestand.«

Wir schauten hinab zu ihnen. Von der Brüstung aus, die etwa die Hälfte der Halle umlief. Manche Reihen der Soldaten waren mit Planen abgedeckt. Nach hinten, jenseits der Brüstung, lag die Erde noch verschlossen. Dort warteten zahllose weitere Krieger auf ihre Auferstehung. Auch sie waren überdacht und geschützt durch die Halle. Gleich beim Eingang schaute man hinab auf die sichtbar und getrennt aufgestellte Ausgrabung Nummer Eins. Auf jenen Soldaten also, den die Bauern bei der Suche nach einer Quelle zuerst entdeckt hatten.

Je mehr man sich aber in das herrscherliche Konzept jenes Kaisers, der den eigenen Tod vorbereitete, hinein zu denken versuchte, um so rätselhafter wurde alles. Dies hier hatte nichts mehr zu tun, wie ich meine, mit den Totenstätten der Ägypter, nicht mit denen ihrer Pharaonen. Für den Kaiser Qin Sin Huang hat es ersichtlich auch keine griechische Unterwelt gegeben mit dem Fluß Acheron, der überschifft werden mußte von den Toten, mit einem Schattendasein, wie es Homer beschreibt, wenn sein Odysseus unter die Toten gerät.

Der chinesische Kaiser hatte nicht allein an eine künftige Verteidigung der eigenen Sicherheit gedacht mit Hilfe von bewaffneten Soldaten, den Streitwagen und Bogenschützen, sondern das »Weltwunder« dieser Anlage, wie chinesische Erläuterer uns erklärten, bestand darin, daß eine ganz diesseitige Administration offenbar noch unterirdisch vorhanden ist und irgendwann einmal zutage treten darf.

In den antiken Gräbern der Ägypter, aber auch der *Etrusker* in ihrer Gräberstadt unweit von Rom sind Vorrichtungen zu sehen für die Nahrungsaufnahme der Toten. Allein sie werden als solche gesehen und behandelt.

Der chinesische Kaiser könnte anders gedacht haben. Seine Welt der Diesseitigkeit scheint das eigene Ableben wie eine *Art des Umzugs* betrachtet zu haben. Man verläßt eine gewohnte Existenz und hat sich auf eine neue solche vorzubereiten. Allerdings weiß man nicht viel von ihr, muß folglich planen.

Beim Ausflug am nächsten Tage ins Gebirge und zu einem See, an dem sich der General Tschiang Kai-schek in den dreißiger Jahren unseres Jahrhunderts mit anderen Generälen getroffen hat, um den Verteidigungskrieg gegen die japanischen Eroberer zu beginnen, waren wir in die Nähe des kaiserlichen Grabberges gelangt. In westlichen Berichten hatte ich gelesen, das eigentliche Grab des Kaisers Qin Shi Huang sei bisher nicht aufgefunden worden. Man deutete an, das stimme nicht. Das Grab sei vermutlich bereits lokalisiert. Die Ausgrabung jedoch habe man verschoben. Bald nach dem Tode des Kaisers und Reichsbegründers Qin Shi Huang brach eine Bauernrevolte aus. Die Qin-Dynastie wurde vertrieben. Vielleicht ist damals das Kaisergrab geplündert worden.

Das Vorwort zu jenem Katalog, der den Besuchern aus aller Welt helfen möchte, diese einzigartigen Grabungen und Funde zu beurteilen, knüpft an das antike Bild von den sieben Weltwundern an. Diese seien in der Tat für uns Heutige ein »*Achtes Weltwunder*«. Da sind sie ganz sicher: »Im Jahr 1987 wurde das Mausoleum Qin Shi Huang mit seinen Terrakottakriegern und -pferden von der UNESCO in die Liste des Kulturerbes der Welt aufgenommen.«

XII. Im Historischen Museum von Sian

In der großen Halle über den Ausgrabungsstätten hatte ich von der Brüstung hinabschauen müssen auf die der Erde entstiegene Armee. Am nächsten Tage konnte das wirkliche Nachdenken über dieses Weltwunder beginnen. Da befand man sich im Historischen Museum von Sian. Es war offensichtlich als Auswirkung der wundersamen archäologischen Entdeckungen errichtet worden. Ein schöner und heller Bau, der einem im Gegensatz zu dem stets überfüllten Mausoleum der Tonsoldaten das ruhige Anschauen erlaubte. Plötzlich stand man vor einigen dieser lebensgroßen Terrakotta-Gestalten. Nun schaute man zu ihnen hinauf.

Die Architektur des Historischen Museums von Sian erinnerte mich durch einige unverkennbar europäisch-klassizistischen Elemente, die sich in eleganter Form mit dem chinesischen Gesamtentwurf verbanden, an die National Gallery of Art in Washington D.C. Doch kann mich die Erinnerung täuschen. Sie half hingegen beim Nachdenken über jenes chinesische Weltwunder. In Washington hatte der erfolgreiche Geschäftsmann und Staatsmann Andrew William Mellon eine großartige Sammlung europäischer Malerei zusammengekauft. Nicht ohne Profit zu ziehen aus der europäischen Verelendung als Folge eines Ersten Weltkrieges. Nun gab es hier einstige Bilder aus der Leningrader Eremitage zu sehen. Die Sowjetunion hatte verkaufen müssen in der Hungerszeit der frühen zwanziger Jahre. Da hatte ein mächtiger Mann des Geldes erfolgreich sammeln dürfen. In Dresden waren es reiche Kurfürsten gewesen, die zeitweise auch Könige von Polen sein konnten. In der Knabenzeit Ludwig XIV. hatte der aus Italien stammende Kardinal Mazarin gesammelt. Später war bei Napoleons erfolgreichen Feldzügen viel künstlerisches Beutegut in den Louvre gelangt.

Entscheidend jedoch, in all diesen großen europäischen Galerien, auch im Prado oder in den Uffizien, hatte man Werke der Kunst gesammelt, materialistisch gesprochen also: Schöpfungen eines geistigen Überbaues. Nahezu alle großen Sammlungen bildender Kunst in Europa besaßen (und besitzen) eine *idealistische* Denkgrundlage.

Das Museum von Sian hingegen war, in aller Bewußtheit, die zu erkennen war, nach einem *materialistischen* Denkkonzept errichtet worden. Das ergab ein antagonistisches Gesamtkonzept. Einerseits zeigt dieses Museum, ebenso einleuchtend wie bedenkenswert, daß die chinesische Kultur in einem ungeheuren, unendlich langen Produktionsprozeß ein Werk des chinesischen Volkes und seiner unzähligen Begabungen ist. Zum anderen gesellt sich aber in diesem selben Museum, das eines der größten der Volksrepublik sei, wie man uns erläuterte, zu den vielen Zeugnissen einer erst entstehenden neuen Materie, zum Beispiel des *chinesischen Porzellans*, die originale Schöpfung jener Tonsoldaten des Kaisers Qin Shi Huang. Auch sie sind natürlich ein wundersames Erzeugnis kollektiver und zugleich anonymer Schöpferkraft. Jeder dieser Männer aus gebrannter Erde ist ein vollendetes Kunstwerk *und* zugleich ein Stück überlebende Wirklichkeit aus OLIMS Zeiten. Wie man noch in der Zeit der deutschen Klassiker zu sagen pflegte.

Nun sah man sie also vor sich. In einer großen Glasvitrine waren einige der merkwürdigsten Soldaten nebeneinander aufgestellt. Hier im Museum sah man auch die wunderbaren Streitwagen mit Meisterwerken aus Bronze, die man aus der Ausgrabungshalle entfernt hatte. Viel Gerät und wunderbares chinesisches Kunstgewerbe. Allein das wirkliche Weltwunder waren doch sie, diese streitbaren Männer, die Soldaten eines mächtigen und rachsüchtigen Kaisers, der sich auch bei seinem Umzug in Form eines sogenannten Ablebens auf künftige Feindschaften eingestellt hatte.

Dies waren nicht die klischeehaften »kleinen Chinesen«, die es auch in der heutigen Wirklichkeit nicht gibt. Aus dem braunen Ton waren kräftige Männer gebildet worden. *Keiner gleicht dem anderen.* Hier beginnt, wie es scheint, das eigentliche Weltwunder. Ursprünglich hatte man sie kunstvoll bemalt. Spuren davon waren nun im Museum zu entdecken. Der in seiner Art inzwischen weltbekannt gewordene knieende Bogenschütze konnte den Bogen selbst nicht mehr spannen. Allein die Gebärde war unverkennbar. Man sah, daß er zielte, auch war er zornig. Einige hatten Schnurrbärte, andere einen Kinnbart. Einige schienen gelangweilt, anderen war geheimer Zorn anzumerken.

Das zutiefst Wunderbare, auch zutiefst Beglückende an diesem Anblick aber war für uns, die heutigen Betrachter, daß alle hier auferstandenen Männer ohne weiteres als unsere Zeitgenossen empfunden werden konnten. Wäre es einem Pygmalion oder Prometheus gelungen, sie plötzlich mit Leben zu erfüllen, so daß sie den gläsernen Schrein durchbrächen und herausstürmten, wir hätten es mit Heutigen zu tun. Mit nicht sehr erfreulichen Zeitgenossen vermutlich, das aber ist eine andere Sache.

Wann hatten sie gelebt nach unserer Zeitrechnung? Um das Jahr 220 vor der Zeitenwende, so wird man belehrt. Damals hatten sie gelebt, jeder einzelne von ihnen. Sie hatten Modell gestanden ihren jeweiligen Künstlern und

Bildnern. Das war also zur Zeit der Kriege zwischen den Römern und dem mächtigen Karthago in der Bucht des heutigen Tunis. Der Kaiser Qin Shi Huang war ein Zeitgenosse Hannibals und der Scipionen. Ungefähr zur Zeit, da der Kaiser seinen Umzug vorbereitete, also das Sterben, rüstete man in Rom zum Endkampf gegen die verhaßten Phönizier und Verehrer des Gottes Moloch. »Im übrigen bin ich der Meinung, daß Karthago zerstört werden muß«, hatte jener alte Cato im römischen Senat zum Abschluß einer jeden Rede angemerkt. Auch wenn es sich diesmal um Haushaltsfragen oder die Wasserversorgung in Rom handelte. Römische Politik hatte immer in großem Stil geplant. Die feindlichen Städte Karthago und Korinth wurden im selben Jahr 146 dem Erdboden gleichgemacht.

XIII. Die Brücke in Shanghai

Auch Shanghai wollte ich wiedersehen bei meiner zweiten Chinareise. Das teilte ich der Bonner Botschaft mit, die mich zum Wünschen eingeladen hatte, als man unsere Reise zu planen und vorzubereiten begann. Da war eine wunderbare, fast traumhafte Erinnerung zurückgeblieben vom letzten Mal. Ein kleiner Dampfer, der im wesentlichen nur uns zu befördern hatte, fuhr den Huangpujiang, den letzten Nebenfluß des Jangtse hinunter, bis zur Mündung des Stromes ins Meer. Auch damals war schönes Herbstwetter im September 1980. Auf der linken Seite des Schiffes breitete sich die gewaltige und gleichzeitig heitere Altstadt aus. Die Uferstraße, also der »Bund«, ist weltbekannt. Hier vor allem hatte sich, ganz wie in Nanking, wo wir damals auch waren, die Entwicklung vom feudalen Kaiserreich zur liberalen chinesischen Republik zuerst durchgesetzt. Wir saßen auf dem Vorderdeck, man reichte uns Tee und Gebäck, wir schauten nach vorn, wo das Meer auf uns zu warten schien. Den Lauf des Huangpujing hatte ich damals schon vom Flugzeug aus in der Morgensonne verfolgt, wie der Huangpujiang in den Jangtse mündet und der Jangtse ins Meer. Ein Delta, wie beim Rhein oder beim Nil, gibt es nicht. Das Schiff drehte dann um und brachte uns zurück. So habe ich es damals erlebt, als eine Beglükkung. Ein Traum, und dennoch keiner.

Das hatte ich noch einmal erleben wollen. Doch es kam nicht dazu. Vielleicht war es auch gut so, der glückhafte Augenblick duldet kein »Remake«. Vielleicht aus diesem Grunde haben nahezu alle Versuche, einem großen Bucherfolg cinc »Fortsetzung« zu geben, Enttäuschung bereitet.

Es hätte sich durchaus einrichten lassen, wenngleich

wir diesmal weniger Zeit hatten für Shanghai, noch einmal bis zum Meer getragen zu werden. Allein Shanghai hatte sich nach vierzehn Jahren doch ganz außerordentlich verändert. Wir waren in Peking und auch in Sian gewarnt worden: Shanghai sei gegenwärtig ein riesenhafter Bauplatz. Riesenhaft, in der Tat. Man hatte uns nicht besonders weit vom neuen und eleganten Flughafen in einem neuen Hotel untergebracht. Das Hotel war kein moderner Koloß, vielmehr ein schön geschwungener Bungalow inmitten einer Gartenlandschaft. Vom Fenster aus blickte man auf Springbrunnen, Teiche, Gartenwege. Unsere Betreuer, die uns auch in Shanghai am Flughafen erwartet hatten, erläuterten, warum man uns gerade hier einquartierte: die Nähe zum Flughafen – etwa fünfzehn Minuten Autofahrt – sei entscheidend gewesen. Man wollte verhindern, daß unser Abflug aus der Stadt durch die riesigen Entfernungen erschwert wurde.

Wir waren wieder mit dem Flugzeug von Sian nach Shanghai gebracht worden. Jetzt, Mitte September, wurde es in Sian deutlich kühler. In Shanghai gab es noch einmal helle und warme Herbstsonne. Abermals ein großes Flugzeug, das ausgebucht war. Das Bild unterschied sich kaum vom gewohnten Anblick in der westlichen Welt. Viel weniger allerdings sah man die wohlbekannten Geschäftsreisenden oder gar die Leute aus dem sogenannten Jet Set. Hier reisten Familien mit Kindern. Sie saßen auch im Flugzeug beieinander, und wenn ein Familienmitglied in einer anderen Sitzreihe untergebracht war, kümmerten sie sich um es. Höfliche Bedienung. Die Flugdauer, vergleichbar etwa der Route München–Paris, sah keine große Mahlzeit vor, doch man bekam gut zu essen und zu trinken.

Auf dem Flughafen in Sian waren mir buddhistische Priester aufgefallen. Kahlgeschoren und mit den bauschig abstehenden Soutanen. Diesmal aber nicht hellgelb, sondern schwarz. Man antwortete mir, das hier seien Priester oder Theologiestudenten, die zur buddhistischen Hochschule in Shanghai flögen.

Riesenhaft dies alles, doch nicht verwirrend, sondern ruhig. Es ging allenthalben lebhaft zu, es wurde gelacht, es gab auch Augenblicke der Verärgerung, wie zu sehen war. Doch nichts wurde laut. Nicht das Gelächter und nicht der Zorn.

Wir hatten Gelegenheit, die Vorsorge unserer Berater und Begleiter in Shanghai zu loben. Sie hatten gut daran getan, uns in dem schönen Bungalow nicht allzu weit vom Flughafen unterzubringen. Am nächsten Morgen schlug man uns vor, einen Besuch beim Rektor jener Universität zu machen, die mich im Jahre 1980 als Gast empfangen hatte. Wir lehnten höflich ab. Am Nachmittag sollte ich meinen Vortrag halten in der Universität für Fremdsprachen. So sollte dieser Vormittag für die Stadt Shanghai reserviert bleiben.

Das war nicht ohne weiteres möglich. *Man brauchte einen Passierschein für das Auto, das in die City fahren sollte.* Wir waren unbesorgt und fuhren los. Nach etwa 75 Minuten kamen wir an der Stadtgrenze an. Eine zweistellige Millionenstadt. An einem amtlichen Gebäude am Stadteingang mußte man warten: der Fahrer holte sich die Fahrerlaubnis ab. Nun waren wir wieder in Shanghai, und wiederum auch nicht. Überall Bauplätze. Geplant ist eine riesenhafte Autostraße, die hinwegführt über das eigentliche und ursprüngliche Shanghai. Wie das einmal aussehen könnte, durften wir ahnen, als sich plötzlich mitten aus der Stadt eine breite Fahrstraße erhob. Wir fuhren dem Huangpujiang entgegen. Nun die Auffahrt zu der schönen, hellen, nicht allzu breiten Yangpu-Brücke. Jetzt waren wir über dem Wasser. Das linke Ufer mit der Altstadt zeigte sich an den wohlbekannten Umrissen, doch wir fuhren hinüber auf die rechte Seite. Der Wagen glitt von der Brücke herab, nahm unten eine Kurve und hielt vor dem Turm eines großen Aufzuges. Wir stiegen aus, Leute warteten bereits. Der Aufzug brachte uns rasch nach oben. Nun standen wir auf der rechten Seite der Brücke über den Huangpujiang. Links neben der Fahrbahn gab es einen recht breiten Gehsteig. Wir gingen ein Stück weit zu Fuß über die Yangpŭ-Brücke in Richtung Shanghai. Jetzt befanden wir uns über dem Wasser.

Der Huangpujiang durchfließt Shanghai, eine neue Großstadt, die wir nun wieder mit dem Wagen durchfuhren. Breite und elegante Straßen auch hier. Sehr viel Grün wie überall in den chinesischen Städten. Wir fuhren dem neuen Fernsehturm entgegen, der demnächst in Betrieb genommen werden sollte. Es sei der höchste Fernsehturm des Landes, sagte man. Er wirkte anmutig.

Für die *Universität für Fremdsprachen* hatte man einen literarischen Vortrag erbeten. Ich hatte mich für einen Vortrag über *Bert Brecht* entschieden, unter besonderer Berücksichtigung des Schauspiels »Der gute Mensch von Sezuan«. Der große Hörsaal war dicht gefüllt. Es waren neben den Studenten des Fremdsprachen-Instituts auch viele Schriftsteller und Theaterleute gekommen. Dadurch entstand ein Sprachenproblem. Sollte man wieder mit den Übersetzern arbeiten, die abermals zur Stelle waren, weil die Gäste vom Theater und von der Literatur einem deutschen Vortrag nicht folgen könnten?

Der Vorsitzende empfahl eine Abstimmung. Die Mehrheit wünschte meinen Vortrag als deutsche Rede zu hören. Dann sammelten sich hinter meinem Stuhl an der Kopfseite des Saales die Gäste vom Theater und die Autoren, sie bildeten einen Halbkreis, zwischen ihnen und mir die Dolmetscher, die simultan und gleichsam hinter meinem Rücken übersetzten. Es zeigte sich, daß ihnen dies wiederum vorzüglich gelang.

Es waren auch Fragen aus der Hörerschaft zu beantworten. Man war auch hier gut unterrichtet. Im Germanistischen Institut der Universität Sian hatte man mich gefragt nach den dramaturgischen Unterschieden zwischen dem Theater von Brecht und dem von Heiner Müller! Hier in Shanghai hatte einer der Frager ein amerikanisches Buch gelesen, das vor allem Brechts Verhältnis zu den Frauen für »buchenswert« gehalten hatte. Mit abschätziger Akzentuierung natürlich. Der Autor jenes amerikanischen Brecht-Buches war mir aus der Zeit meiner amerikanischen Gastprofessur wohlbekannt. Ich sprach über den Autor dieses Buches und seine – mögliche – Motivation.

Exkurs über die Vergessenen

Auch ich selbst spürte wiederum in Shanghai eine merkwürdige, eine geheime Motivation. Schon bei der ersten Chinareise hatte sie mich bewegt mit dem Wunsch, nach Shanghai zu reisen. Es ist schwer, diese Empfindung genauer zu rationalisieren. Sie war weder heiter noch schmerzlich, doch sie galt einem gewesenen Menschen, einem Toten, wie ich wußte. Hier in Shanghai sollte er gestorben sein, wie gemeinsame Freunde und Bekannte in Deutschland mich hatten wissen lassen. Mehr wußte ich nicht, hatte auch mehr nicht wissen wollen.

Insgeheim befand ich mich hier auf der Suche nach der verlorenen Zeit meiner Jugend. Die Begegnung junger Menschen an der Kölner Universität gegen Ende der zwanziger Jahre, als die Agonie der Weima-

rer Republik immer evidenter wurde: was man nicht wahrzunehmen schien. Mein Mitstudent Albert Jovishoff stammte aus Halle an der Saale. Wohlhabende jüdische Eltern. Ihnen gehörte dort ein Kaufhaus. Erzogen wurde er in der Freien Schulgemeinde Wickersdorf bei Gustav Wyneken. Sein Schulkamerad hieß Heinrich Kurella, den Stalin umbringen ließ. Der jüngere Bruder des späteren Stalinisten Alfred Kurella. Ich lernte ihn kennen in der Gruppe sozialistischer Studenten. Sie standen der SPD nahe, waren aber in der Mehrzahl aufsässig und dissident. Eine linke Opposition. Zu ihr fanden sich die meisten neuen Studenten, die erschreckt waren über die politische Entwicklung des Staates seit der Rückkehr der Wirtschaftskrise und der anschwellenden Arbeitslosenzahlen. Die »Marxistische Studentengruppe« der Kommunisten wirkte abschreckend: sie war vollauf beschäftigt mit Ausschlüssen, Abweichungen und Richtungskämpfen. Auf dem VI. Weltkongreß der Kommunistischen Internationale im Jahre 1928 hatte Stalin zum ersten Mal über Bucharin und dessen sogenannte Rechtsabweichung gesiegt. Das mußte nun auch nachgestellt werden bei den kommunistischen Studenten der Universität zu Köln.

Ich denke zurück an jene sozialistischen Studenten. Einige von ihnen wurden totgeschlagen in den Zuchthäusern des Dritten Reiches. Andere fielen in einem Krieg, den sie verabscheut hatten. Mit einigen Überlebenden hat es Freundschaft gegeben bis ins hohe Alter. Auch die Dichterin Hilde Domin hat damals zu uns gehört, die Tochter eines Justizrates vom Friesenplatz in Köln. Wir haben viele politische und soziologische Debatten geführt in der Universität und in unserem Studentenheim, das die SPD gestiftet hatte, das sie aber sehr mißtrauisch zu beäugen schien, denn die par-

teitreuen Sozialdemokraten unter den Jungen waren in der Minderheit.

Wir holten uns Leute, wie den Theodor Lessing *aus Hannover, zu uns auf die Bude. Es gab einen heftigen Streit zwischen uns und ihm wegen seiner Geschichtsverachtung. Er hatte ein Buch geschrieben mit dem Titel »Geschichte als Sinngebung des Sinnlosen«. Das Buch eines Nietzscheaners. Ich griff ihn an. Beim Abschied gab er mir nicht die Hand. Später setzten die Nazis ein Kopfgeld aus. Theodor Lessing wurde im August 1933, während in Nürnberg der Rummel eines sieghaften Parteitages ablief, im tschechischen Exil, in Marienbad, aus dem Hinterhalt erschossen. Wir haben damals auch mit dem Luxemburgianer* Fritz Sternberg *diskutiert, der uns viel näher stand, aber auch in der Universität, wo sich der Jurist* Hans Kelsen, *der Soziologe* Erwin von Beckerath, *der Philosoph* Helmuth Plessner *und der Wirtschaftswissenschaftler* Alfred Müller-Armack *mit uns Studenten zu einem Colloquium über marxistische Theorie zusammenfanden. Müller-Armack vertrat damals noch Gedanken einer Planwirtschaft. Nach dem Zweiten Weltkrieg entschied er sich, als Berater von Konrad Adenauer, für die Freie Marktwirtschaft.*

In diesem geistigen und politischen Umkreis hat auch Albert Jovishoff gewirkt. Er war leise und langsam, wenn er sprach. Ein Mann der Untertreibung, doch hellsichtig und begabt, mit scharfem Blick. Wir sind niemals wahrhaft Freunde gewesen, doch wir spürten eine Wahlverwandtschaft. Sie brachte uns auch dazu, etwa zwischen 1928 und 1930 in Köln ein kleines Blatt der mißvergnügten Sozialdemokraten herauszugeben mit dem Titel »Der Rote Kämpfer«. *Im Untertitel wurde erklärt, es sei eine Schrift »von Sozialdemokraten für Sozialdemokraten«. Die SPD war anderer Meinung. Die meisten von uns trennten sich dann, zusammen mit der Mehrheit der – nichtakademischen – jungen Sozialisten, von der Mutterpartei. Wir fanden uns wieder in einer neuen Sozialistischen Arbeiterpartei (SAP). Ihr hat auch der junge Herbert Frahm aus Lübeck angehört, also Willy Brandt. Finanziert wurde unser Blättchen durch die Mitgliedsbeiträge der Jungsozialisten. Sie bedeuteten zahlenmäßig und auch als politische Kraft einen politischen Kern im Ruhrgebiet und in Berlin. Im Ruhrgebiet hatten sie einen begabten jungen Arbeiter zum Vorsitzenden gewählt:* Heinz Hoose. *Er kam ins braune Zuchthaus, hat aber überlebt. Ich traf ihn wieder in seiner Heimat als Oberstadtdirektor.*

Unsere Berliner Freunde wurden angeführt von Edith Baumann *und* Hans Seigewasser. *Auch sie kamen ins Zuchthaus, gingen dort zu den Kommunisten über. Edith Baumann fand ich 1947 in Berlin wieder. Sie arbeitete bei Wilhelm Pieck im Parteisekretariat. Hans Seigewasser starb in den achtziger Jahren als Staatssekretär für Kirchenfragen der DDR.*

Dies alles ist neue deutsche Zeitgeschichte, doch sie ist für den Überlebenden auch die Geschichte von Menschen, die er gekannt hat und nicht vergessen mag. Weder die mit den nach wie vor bekannten Namen, noch jene Vergessenen, die man umbrachte, als Schlachtvieh in einen sinnlosen Eroberungskrieg getrieben hat, oder aus der Heimat Verjagte wie unseren Albert Jovishoff. Um 1931 habe ich ihn wohl zum letzten Mal gesehen. Da gab es den »Roten Kämpfer« nicht mehr, weil die legale und im Reichstag vertretene SAP andere Geldquellen besaß. Doch während der Arbeit am »Roten Kämpfer«, den im Grunde wir beide redigiert haben, waren wir uns sehr nahe gekommen. Dann trennten sich unsere Wege, ich habe ihn nicht wiedergesehen, hörte viel später nur, er sei nach China emigriert und noch in jungen Jahren in Shanghai gestorben. Ich suchte dort also nach einem Toten, zugleich nach meiner eigenen verlorenen Jugend.

Übrigens blieb auch unser »Roter Kämpfer« *ein bißchen lebendig. In den sechziger Jahren suchte mich ein Marburger Student in Tübingen auf. Er schrieb an einer Doktorarbeit, die er dem ausgezeichneten Politologen Wolfgang Abendroth vorzulegen gedachte. Er hieß* Olaf Ihlau. *Er wollte wissen, welche der natürlich ungezeichneten Artikel von mir geschrieben worden seien. Ich hielt die damalige Postille für verschollen. Darauf holte Ihlau einen Band heraus, der alle erschienenen Nummern im Faksimile enthielt. Ihlau hatte sämtliche Zeitzeugen befragt und kannte sich aus in Sachen Albert Jovishoff. Als ich die Blätter vor mir sah, konnte ich mich plötzlich genau an zwei Beiträge von mir erinnern. Einer war aufgemacht als Leitartikel zum bevorstehenden Leipziger Parteitag der deutschen Sozialdemokraten. Die Beiträge von Albert Jovishoff zu entdecken war kinderleicht. Aus ihm hätte ein bemerkenswerter politischer Publizist werden können.*

XIV. Außenseiter

Von Shanghai flogen wir an einem Samstag zurück nach Peking. Die Abreise war für den Sonntag vorgesehen. Ein letzter Tag in China. Für den Abend hatte ich unsere Begleiter und Betreuer und Gastgeber zu einem chinesischen Abendessen ins Hotel gebeten. Es wurde ein heiterer Abend. Viele Erinnerungen an Begegnungen und Episoden während dieser zweiten Chinareise. Viel Dankbarkeit bei uns, offenbar Befriedigung und Freude über unseren Besuch bei den Gastgebern.

Nach der Ankunft in Peking, noch in der Hotelhalle hatte es einen sonderbaren Zwischenfall gegeben. Er war komisch, ganz ohne Frage. Wir, die beiden Besucher aus Deutschland, lachten, doch das Lachen verging uns. Wir beide wurden nachdenklich, ohne viel miteinander gesprochen zu haben. Plötzlich hatte sich für uns, »im Lichte unserer Erfahrung«, eine geistige Gefahr und Gefährdung offenbart.

Was war geschehen? Wir mußten warten in der Hotelhalle, während sich Professor Song am Tisch der Rezeption zu schaffen machte, um unsere Unterbringung zu erledigen. Das dauerte eine geraume Zeit. Doch alles war in Ordnung. Wir konnten jene Zimmer beziehen, die wir schon vor der Abreise bewohnt hatten. Nur: Song hatte warten müssen, da es zuvor Schwierigkeiten am Empfang gegeben hatte mit einem europäischen Ehepaar, das keines war, wie die Pässe anzeigten. Trotzdem hatte das Paar ein Doppelzimmer haben wollen.

Das jedoch ging nicht an in Peking und im Herbst des Jahres 1994. Sie hatten sich mit zwei Einzelzimmern zufrieden zu geben.

Bei unserem Gespräch in der Hofküche waren wir unvermutet mit der *Ästhetik des Stalinismus* von neuem befaßt worden. Mit Stalin-Dekreten, die auf eine normative Kunstzensur hinausliefen. Wehe, wenn ihr nicht dichtet, malt, Theater spielt, musiziert, wie es dem Generalissimus und Vater der Völker gefällt und wie es folglich den Millionen seiner Untertanen zu gefallen hat.

In dem Tafelgespräch über Ästhetik westlicher Philosophie und west-östlicher Kunstanschauungen hatte sich in der chinesischen Hauptstadt der einstige Stalinismus gar nicht mehr in ursprünglicher und mörderischer Gestalt offenbart. Er war verinnerlicht worden, dennoch blieb er für unsereinen sogleich erkennbar.

Hier in der Pekinger Hotelhalle offenbarte sich uns plötzlich, gleichfalls verinnerlicht und nahezu aus dem allgemeinen Bewußtsein entschwunden, die *einstige* Ethik des Stalinismus. Das war also, was Jossif Wissarionowitsch als Maxime einer moralischen Gesetzlichkeit seinen Untertanen zu verordnen gedachte. Wer von dieser »normativen« Verhaltensregel im Einzelfalle abwich, mußte folglich als »nicht normal« betrachtet und entsprechend behandelt werden im Wortsinne, wie sich gezeigt hatte an den politisch dirigierten Irrenhäusern des Stalin-Reiches.

Uneheliches Beisammenleben war unmoralisch. Nicht in einem religiösen, sondern durchaus säkularisierten Verstande. Man konnte sich ja scheiden lassen und von neuem heiraten. Doch eine Familie hatte man zu begründen. Auch mehrfach. Das hatte der Vater der Völker mit seinen verschiedenen Ehen, Kindern und Scheidungen selbst demonstriert.

Natürlich wurde auch ein normwidriges Leben politisch toleriert, wenn der Anormale im Stalin-Sinne als zuverlässig galt. Stalin hatte sogar seinen jüdischen – zeitweiligen – Schwiegervater Lazar Kaganowitsch eine

Weile im Politbüro geduldet. Ohnehin war eine solche Dekretierung der bürgerlichen duckmäuserischen Sozialmoral mit Notwendigkeit gekoppelt mit der totalen *Entscheidung für ein Doppelleben* in jedem Einzelfalle. Das wußte man; man hatte es gewollt. Die Notwendigkeit nämlich, das eigene Leben, also nicht allein das Triebleben, nicht verkümmern zu lassen durch »soziale Moral«, machte den moralischen Übeltäter schuldhaft, also erpreßbar, also anfällig für Mitarbeit bei der Geheimpolizei.

Historisch wird hier ein unmittelbarer Weg sichtbar von den Anfängen bürgerlicher Emanzipation und Revolution über die Oktoverrevolution von 1917 bis zu den Anfängen der Stalin-Herrschaft. Bei Georg Büchner in »Dantons Tod« erläutert Robespierre seinem liederlichen politischen Gegner Danton: das Laster sei zu gewissen Zeiten Hochverrat. Bürgerliche Sittlichkeit im Gegensatz zur aristokratischen Dekadenz: das war bei Oliver Cromwell im England des 17. Jahrhunderts eine puritanische, folglich politische Haltung gewesen. William Shakespeare hatte sie schon vorher verabscheut und verlacht. Der Malvolio in »Was ihr wollt« ist das Spottbild eines künftigen politischen Puritaners.

Im bürgerlichen 18. Jahrhundert wandelt sich der Puritanismus in den philosophischen Idealismus. Der »kategorische Imperativ« bei Kant entspringt einer großen Menschheitskonzeption und ist frei von allem kleinbürgerlichen Moralisieren. Kant begnügt sich ausdrücklich mit einer Richtungsformel und damit einer formalen Ethik. Sie ist das Gegenteil einer jeden normativen Ethik der Gebote und Verbote. Natürlich wird sie mißbraucht durch das siegreich gewordene Bürgertum: sowohl im viktorianischen England, wie im wilhelminischen Kaiserreich, wie im imperialistischen Frankreich. Die Skandalfälle des homosexuellen Oscar Wilde in England, die homosexuellen Berater Wilhelm II., vor allem des Fürsten Philipp zu Eulenburg, die rechtswidrige Verurteilung des jüdischen Hauptmanns Alfred Dreyfus in Frankreich: sie alle gehören zusammen. Wehe den Außenseitern. In allen Fällen ist die bürgerliche Normalität ein Hilfsmittel zur Repression jeglicher Aufsässigkeit, Widersetzlichkeit. In der Sprache des Stalinismus: jeglicher Abweichung.

Als jenes Ehepaar ohne Ehepapiere im Hotel zur Sittlichkeit verurteilt wurde, indem man ihnen das Doppelzimmer verweigerte, hatte man sich im einstigen sozialistischen Bruderstaat an die entsprechenden Normativitäten des Stalinismus erinnert. Man hatte sich vermutlich nichts dabei gedacht, befolgte eine Anweisung von oben, wonach Doppelzimmer nur auf der Grundlage entsprechender Ehepapiere oder Gemeinschaftspässe bewilligt werden durften. *Blieb die Frage nach den Außenseitern im weitesten Sinne im heutigen China.*

Nach der Rückkehr aus China gab es im November 1994 in Paris auf Einladung des Senders France Culture ein Pressegespräch mit mir über mein Buch »Außenseiter« vom Jahre 1975, das eben in vollständiger französischer Übersetzung mit dem Titel »Les marginaux« in Paris erschienen war. Man wußte, daß ich gerade aus China zurückgekehrt war, worauf ein Journalist einer wichtigen Zeitschrift bemerkte: im heutigen China stecke man alle Homosexuellen ins Gefängnis. Weil dies ein uferloses Thema ist und ich nicht mit Informationen aufwarten konnte, hatte ich spöttisch erwidert: dann müßten die Gefängnisse des Riesenreichs überfüllt sein, so daß kein Platz für Verbrecher bliebe. Bleibt die Frage, ob es auch hier Restbestände des einstigen stalinistischen Moralismus gibt. Es ist ungemein schwer, nahezu unmöglich, alle diese Fragen mit Hilfe westeuropäischer Vorstellungen zu behandeln.

Was jedem Reisenden in China auffällt, und auch im kapitalistischen Fernen Osten, etwa in Japan, ist die Tatsache, daß alles Persönliche im Gespräch und im Verhalten ausgespart bleibt. Man spricht mit einem Mann, mit einer Frau, erfährt aber nichts von ihrem höchstpersönlichen Leben. Danach wird nicht gefragt. Es ist das strikte Gegenteil zum Verhalten des durchschnittlichen Amerikaners, der neben einem sitzt beim Flug über den Atlantik und sofort wissen will, woher der Nachbar stamme, ob er verheiratet sei, Kinder habe, welchen Job, wie hoch das monatliche Einkommen sei. Dies ist ebenso wenig ein Zeichen von Freiheit, wie die entgegengesetzte Haltung im Fernen Osten als Unfreiheit gedeutet werden darf.

Es wäre denkbar, daß manche Verhaltensweisen der heutigen Chinesen durchaus nicht als Nachwirkung einstiger stalinistischer Maximen gedeutet werden können. Ihr geschichtlicher Ursprung reicht möglicherweise viel weiter zurück, bis zu den großen chinesischen Philosophien und Gesellschaftslehren.

XV. Utopia und China

Am Sonntagmorgen fuhr die Staatskarosse ein letztes Mal vor. »Aufbruchstimmung«, sagte lachend der junge Professor Song. Erstaunlich, dieses deutsche Wort wie beiläufig ausgesprochen zu hören von einem Chinesen. Auch unser getreuer Fahrer war wieder zur Stelle. Die Fahrt zum Flughafen durch das an diesem Sonntagmorgen wenig bevölkerte Peking erlaubte den ruhigen Abschied von den wohlbekannten Bauten. Das Eingangstor zur Verbotenen Stadt, der Platz des Himmlischen Friedens, das Mausoleum für Mao Tse-tung, das Gebäude des Volkskongresses, höchst eigenwillige westliche Architektur für moderne Hotels, wo die China-Touristen mit Devisengepäck untergebracht werden können. Einige wirklich bemerkenswerte Bauten waren auf solche Weise entstanden. Sie reihen sich seltsamerweise ohne Stilbruch ein in den Gesamtaspekt der riesigen Stadt. Den vielen schematischen Wohnblocks nach stalinistischem Muster ergeht es nicht anders. Man fährt durch Straßen, die genauso in Moskau, Warschau und Ostberlin anzutreffen sind. Der Architekt der Berliner Stalinallee, Hermann Henselmann, der auftragsgemäß zu bauen hatte, hatte mit schlechtem Gewissen gebaut. Er war befreundet mit Bertolt Brecht und hatte gewagt, dem Stückeschreiber die so entstandene Stalinallee bei einer Autofahrt vorzuführen. Brecht schwieg während der ganzen Fahrt. Als er ausstieg, vermerkte er: »Wenn man bedenkt, daß man dies alles wieder abreißen muß ...« Hermann Henselmann hat es mir, bitter lachend, selbst erzählt. Übrigens sind die Reste der Stalinschen Bauweise, soweit ich gesehen habe, nicht sehr bedeutend innerhalb des Gesamtbildes der Hauptstadt Peking.

Es ist keine Narretei gewesen, im hohen Alter noch einmal nach China zu reisen. Die Gesundheit hatte es gnädig zugelassen. Gleichsam verjüngt bin ich zurückgekommen nach Deutschland. Wir hatten schönes Wetter, haben viel gesehen und gelernt. Natürlich wird man einwenden, das sei eine Reise gewesen hin zur »Nomenklatura«, was nicht stimmt. Übrigens sollten die westlichen Privilegierten eines neuen Reichtums oder hochbezahlten Jobs nicht spotten über die Privilegien einer östlichen Nomenklatura. Die eigentliche Nomenklatura aus der Sowjetunion hatte man kennengelernt, durchaus in gemäßigter Form, bei der sowjetischen Militäradministration nach Kriegsende, später auch in Moskau. Allein die Verkommenheit und Korruption der politischen Oberschicht in Moskau und Leningrad hatte doch wohl erst nach dem Sturz von N. S. Chruschtschow begonnen, als L. I. Breschnew das Reich regierte, dessen Familie sich so gut verstand auf die Bewertung der neuen Produktionen von Daimler-Benz. Zuletzt hatte die neue sowjetische Generation unter Andropow und später unter Gorbatschow von der Breschnew-Zeit etwas schamhaft als von einer »Epoche der Stagnation« gesprochen. Stagnation, in der Tat.

Nichts dergleichen hatten wir bei unseren Besuchen, Gesprächen und Mahlzeiten im China des Jahres 1994 erlebt. In Sian sahen wir bei der Fahrt durch die dicht bevölkerten Straßen häufig eine sonderbare Umformung der einstigen Rikschas. Ohne den Kuli, sondern mit Hilfe des sogenannten »Feuerstuhls«. Man konnte damit zwei Personen hinten aufsitzen lassen und transportieren. Es gebe auch Rikschas, erklärte man uns, für vier Personen. Alle diese modernen Rikschas waren eine besondere Form des Taxis, das es natürlich auch gab. An diesen besonderen Halbtaxen aber war hinten ein Schild mit der stets gleichen Beschriftung angebracht. Wir fragten nach der Übersetzung der Schrift. Man lachte und erklärte:

dies sei der Name der Taxifirma. Sie nenne sich »*Bescheidener Wohlstand*«.

Das war das Gegenteil einer Nomenklatura. Bescheidener Wohlstand auch angesichts der Menschenmassen in den Flughäfen und während der Reisen. Hier wird überall sehr viel gearbeitet, doch man sieht, daß die Leute, wie es Schiller in seinem Epigramm gefordert hatte, zu essen haben und zu wohnen. Sie sind auch recht gut gekleidet. Das Uniformwesen, das ich noch 1980 gesehen hatte, ist verschwunden.

Nach wie vor ist dies ein Weltreich mit zahllosen Nationalitäten und Gesellschaftsformen zwischen überlebender Feudalität und heutiger Technik. Übereinstimmung herrscht, wenn man mit westlichen Besuchern spricht, beim Lob über die Heilkunst der Chinesen. Nur einmal habe ich ein bißchen davon kennengelernt. Beim Einsteigen in einen kleinen Bus in Sian hatte ich mich an einer scharfen Kante verletzt. Schürfwunden an beiden Schienbeinen. Das war unweit der Universität geschehen. Der Bus fuhr zum Eingang der Universität, man stieg aus, um Nachricht von dem kleinen Zwischenfall zu geben. Nach wenigen Minuten erschienen zwei ärztliche Helfer, schauten sich die Wunden an, desinfizierten und pflasterten. Dann konnten wir weiterfahren.

Bei Ereignissen wie dem 9. November 1989 und dem inneren wie äußeren Zusammenbruch des einstigen sowjetischen Machtbereiches gibt es viel Geschwätz über das sogenannte »*Ende der Utopien*«. Wer davon redet, beweist zunächst nur seine Unkenntnis des Griechischen. Utopie im Sinne des Worterfinders Sir Thomas More bedeutet ein Nirgendland. Etwas also, das es nicht gibt. Utopie kann also weder örtlich verschwinden, noch zeitlich zu Ende kommen. Ersetzt man das Wort Utopie durch die bessere Formulierung Ernst Blochs von einem »Prinzip Hoffnung«, so wird diese Einsicht evident. Das Prinzip Hoffnung könnte enden nur mit dem Ende hoffender Menschen.

Übrigens ist die »Utopia« des später, zweihundert Jahre nach seiner Hinrichtung durch Heinrich VIII. von England, nämlich im Jahre 1535, heiliggesprochenen Thomas Morus, aus dem Jahre 1515 ein listenreiches Werk. Entstanden war es also zwei Jahre vor dem Auftreten Martin Luthers in Wittenberg. Morus war auf der Hut und ließ sein Traktat in den damals spanischen Niederlanden drucken, in Loewen, nicht in England.

Morus läßt sich darin von einem angeblichen Mitreisenden des Amerigo Vespucci, nach dem Amerika benannt wurde, die Geschichte eines idealen Inselstaates erzählen, der in allem kontrastiert mit den Gewalttaten aus Machtgier und Raffgier, die alltäglich geworden sind in den europäischen Staaten der Renaissance. Auf der Insel Utopia gibt es kein Privateigentum. Alles wird gemeinschaftlich produziert und verwaltet. Allein der Erzähler, nämlich Morus selbst, der im wesentlichen zuhört beim Dialog, hat sich das Schlußwort vorbehalten. Es ist skeptisch in einem Doppelsinne. Spricht man das Wort Utopia mit unserer üblichen lateinischen Aussprache, so hat man ein Niemandsland erwähnt. Spricht man mit einer englischen Aussprache, so könnte das Wort auch als Eutopia verstanden werden, womit, nach griechischem Gebrauch, eine gute Gegend, eine erfreuliche Landschaft, benannt wäre.

Es hat somit viele Utopien gegeben, wie bekannt, weil das Prinzip Hoffnung zu allen Zeiten wirksam war und immer wieder enttäuscht wurde. Die häufig geäußerte These, wonach sich Thomas Morus den Staatsentwurf Platons zum Vorbild genommen habe, führt in die Irre. Platons »Politeia« ist ein Staatsgebilde der Repression.

Dort herrscht die Nomenklatura der Philosophen. Die Dichter werden vertrieben: mit Ausnahme jener Poeten, die imstande sind, Dithyramben zu liefern, also Schmeichelverse für die Mächtigen. Die Utopie des Thomas Morus hingegen begeistert sich für eine Welt freier und gleicher Individuen.

Utopien enden also nicht, weil sie es nicht können. Geschichtlich widerlegt hingegen wurde die, im Grund weniger von Marx als von Friedrich Engels entwickelte These, wonach der Marxismus einen Weg bedeutet habe, »von der Utopie zur Wissenschaft«. Allein der wissenschaftliche Beweis für die Evidenz des bisherigen real existierenden Marxismus ist nicht geliefert worden. Wird China ihn liefern können?

Man wird zurückkommen müssen auf das merkwürdige Amalgam aus Konfuzius und Mao, das sich im heutigen China allenthalben auffinden läßt. Plötzlich begreift man, daß jenes Firmenschild der Halbtaxis mit der Losung vom »Bescheidenen Wohlstand« durchaus konfuzianisch gedacht ist. *Hören wir dazu die Erklärung von Ernst Bloch*. Gegen den Schluß seines dreibändigen Hauptwerkes »Das Prinzip Hoffnung« kommt er ausführlich auf die chinesischen Philosophen Konfuzius und Laotse zu sprechen. Eine Frühstudie von Bloch aus den zwanziger Jahren, die er selbst auch in späteren Jahren gern zitierte, trug, wie gesagt, die Überschrift »Hebel, Gotthelf und bäurisches Tao«. Darin entwickelte bereits der junge Ernst Bloch seine Vorstellung von »Heimat«. In seinen Betrachtungen zur heutigen Bedeutung des chinesischen Philosophierens entwickelt er abermals den Begriff der Mitte, der Mäßigung, wie man sie sowohl bei Aristoteles im Prinzip der Mesoges wie auch bei Konfuzius finden kann.

Man lese also, was Ernst Bloch darüber zu sagen weiß:

Frohbotschaft des irdisch-himmlischen Gleichgewichts und des unscheinbaren Welttakts (Tao): Konfuzius, Laotse

Auch der maßvolle Mensch hält sich zurück, drängt sich nicht vor noch auf. Vom holden Bescheiden bis zur Gabe, ausgeglichen im Mittleren zu sein, zieht sich eine verwandte Art. Sie ist bürgerlich in einem älteren Sinn, in einem, der noch keinerlei ungemessenen Profittrieb hat. So wurde auch die mittlere Haltung, die dem Abenteuer fremde, besonders in Völkern ohne kriegerische Oberschicht gepriesen. Ohnehin empfiehlt sich gepredigter Anstand, neben grauenhaften Leibesstrafen und vorbeugender als diese, um die Massen in Ruhe zu halten. Man liebt das Erprobte, das Ausgewogene, das Lot in den Dingen, man ist andächtig zum Maß. Am bewußtesten erschien dergleichen in China, am Ende seiner Feudalzeit versteht sich, um 700 v. Chr., unter anarchischen Wirren, die sich noch bis um 220 v. Chr. hinzogen. Damals wurde China erst zivil, eine neue Herrenschicht entstand, das ist eine neue Form der Grundrente. Die patriarchalisch aufgebaute Familie blieb zwar, doch die adligen Geburtsrechte fielen, außer dem Kaiser gibt es keinen Geburtsadel. Auch der Kaiser und seine Mandarine (ein neuer Bildungsadel) gaben sich nicht mehr als die »Herren« der ritterlich-feudalen Zeit, sondern als die despotischen »Eltern« eines formal befreiten Volks. Aus der Hofhaltung wird Maßhaltung, sozusagen; die Lebensform wird durchgehends patriarchalisch gezähmt. Religiös formuliert wurde diese erstrebte Mitte durch *Konfuzius*, einen selber zurückhaltenden, nirgends eifernden Mann. Er wirkt als Sittenlehrer unkriegerisch wie keiner: »Besser ein Hund und friedvoll als ein Mensch und im Streit leben.« Das Li (Anstandsregel) wird zur Andacht, das Jen (Menschlichkeit) bedeutet hier Brauch oder Überlieferung. Um Wildes oder Dunkles kümmert sich ein Kluger nicht: »Worüber der Meister nicht sprach, waren unnatürliche Erscheinungen, Taten der Gewalt, Unruhen und Geister.«

Unnatürliche Erscheinungen, Taten der Gewalt, Geister. Gemeint sein können auch Schwarmgeister aller Art. Gerade ihnen sind die Gewalttaten nicht zuwider, wie man weiß. Die chinesische Tradition zwischen Konfuzius und Mao war stets, auch beim Einbruch der Mongolen, auch unter dem Kaiser Qin Shi Huang mit seinen Tonsoldaten, dem verbunden, was wir Aufklärung nennen, diesseitiges Denken, Mäßigung, Gemeinsinn. Alle Erfahrung zeigt uns genau, woran alle diese Maximen in aller bisherigen Geschichte zu scheitern pflegten. Widerlegt jedoch wurde das Hoffen der Menschen dadurch keineswegs. Vielleicht bedeutet China eine Hoffnung. Der deutsche Aufklärer Gotthold Ephraim Lessing hätte vermutlich gesagt: »Es ist ein Ziel, aufs innigste zu wünschen.«

Von Hans Mayer
erschienen im Suhrkamp Verlag

Außenseiter. 1975 (auch: *st 736*. 1981)

Nach Jahr und Tag. Reden 1945-1977. 1978

Thomas Mann. 1980 (auch: *st 1047*. 1984)

Ein Deutscher auf Widerruf. Erinnerungen I. 1982 (auch: *st 1500*. 1988)

Ein Deutscher auf Widerruf. Erinnerungen II. 1984 (auch: *st 1501*. 1988)

Aufklärung heute. Reden und Vorträge 1978-1984. 1985

Das unglückliche Bewußtsein. Zur deutschen Literaturgeschichte von Lessing bis Heine. 1986 (auch: *st 1634*. 1989)

Augenblicke. Ein Lesebuch. Herausgegeben von Wolfgang Hofer und Hans Dieter Zimmermann. 1987

Stadtansichten. Berlin. Köln. Leipzig. München. Zürich. 1989

Reden über Ernst Bloch. 1989

Weltliteratur. Studien und Versuche. 1989

Abend der Vernunft. Reden und Vorträge 1985-1990. 1990

Der Turm von Babel. Erinnerungen an eine Deutsche Demokratische Republik. 1991
(auch: *st 2174.* 1993)

Der Zeitgenosse Walter Benjamin. 1992 (Jüdischer Verlag im Suhrkamp Verlag)

Wendezeiten. Über Deutsche und Deutschland. 1993

Der Widerruf. Über Deutsche und Juden. 1994

Das Wiedersehen mit China. Erfahrungen 1954-1994. 1995

In der Bibliothek Suhrkamp:

Brecht in der Geschichte. Drei Versuche. 1971. *BS 284*

Goethe. Ein Versuch über den Erfolg. 1973. *BS 367*

Doktor Faust und Don Juan. 1979. *BS 599*

Ein Denkmal für Johannes Brahms. Versuche über Musik und Literatur. 1983. *BS 812*

Versuche über Schiller. 1987. *BS 945*

Ansichten von Deutschland. Bürgerliches Heldenleben. 1988. *BS 984*

Frisch und Dürrenmatt. 1992. *BS 1098*

In der edition suhrkamp:

Anmerkungen zu Brecht. 1965. *es 143*

Anmerkungen zu Richard Wagner. 1966. *es 189*

Das Geschehen und das Schweigen. Aspekte der Literatur. 1969. *es 342*

Der Repräsentant und der Märtyrer. 1971. *es 463*

Versuche über die Oper. 1981. *es 1050*

Gelebte Literatur. Frankfurter Vorlesungen zur Poetik. 1987. *es 1427*

In den suhrkamp taschenbüchern:

Georg Büchner und seine Zeit. 1972. *st 58*

Richard Wagner in Bayreuth. 1876-1976. 1978. *st 480*

Die umerzogene Literatur. Deutsche Schriftsteller und Bücher 1945-1967. 1991. *st 1923*

Die unerwünschte Literatur. Deutsche Schriftsteller und Bücher 1968-1985. 1992. *st 1958*

Über Hans Mayer:

Über Hans Mayer. Herausgegeben von Inge Jens. 1977. *es 887*

Materialien zu Hans Mayer »Außenseiter«. Herausgegeben von Gert Ueding. 1978. *st 448*

Hans Mayer zu Ehren. 1978